문화유산에 담긴

우리 역사 이야기

문화유산에 담긴 우리 역사 이야기

펴낸날 2001년 7월 20일 1판 1쇄 2010년 6월 25일 1판 8쇄
지은이 이희근 **펴낸이** 강진균 **펴낸곳** 삼성당
편집 주간 강유균 **편집 책임** 김혜정 **편집** 변지연 김지현 조정민
디자인 이혜경 안태현 **제작** 강현배
마케팅 변상섭 김경진 하주현 **온라인** 문주강 장동철
주소 서울 강남구 논현동 101-14 삼성당빌딩 9층
대표전화 (02)3443-2681 **팩스** (02)3443-2683
출판 등록 1968년 10월 1일 제 2-187호
홈페이지 www.ssdp.co.kr **쇼핑몰** www.ssdmall.co.kr
ISBN 89-8019-667-9
ⓒ 이희근 2001

문화유산에 담긴

우리 역사 이야기

이희근 지음

삼성당

● 무용총 수렵도

활시위를 당기는 기마인과 동물들의 생동감 넘치는
표현이 고구려인의 기상을 잘 나타내고 있습니다.

● 각저총 씨름도

각저총은 중국 길림성 집안현에 있는 고구려시대의
벽화 고분으로 씨름하고 있는 두 사람의 모습이
현재의 씨름과도 비슷하답니다.

● 장군총

광개토대왕의 무덤이라고 알려져 있지만 광개토대왕릉비와 1Km나 떨어져
있는 등 여러 가지 상황으로 봤을 때 고구려 최대형급의 무덤인 태왕릉이
광개토대왕의 무덤이고 장군총은 장수왕의 무덤이라고 보는
사람도 있답니다.

● 정림사지 석불좌상

정림사는 백제 때 창건한 절이지만
보물 제108호로 지정되어 있는
이 불상은 고려시대 때
사찰을 중수할 때 조성된
것으로 여겨집니다.

● 법주사 전경

경내에는 법주사 팔상전을 비롯하여 쌍사자 석등, 석련지,
사천왕 석등, 마애여래의상 등의 문화재가 있습니다.

● 신라 금관

금관은 대부분 삼국시대의 고분에서 주로 출토
되었으며 사진은 신라시대 고분인 천마총에서
출토된 금관으로 국보 제188호입니다.

● 문무왕 수중릉

문무왕의 무덤인 이 곳의 해류의 움직임은 용왕이 요동치는
모습을 연상케 하는데, 문무왕은 생전에 나라를 지키는
큰 용이 되고 싶다는 소원을 가지고 있었다고 합니다.

● 해인사 대장경판

고려시대의 대장경판으로 판의 숫자가 8만여 판에 이르기 때문에 팔만대장경이라고 불린답니다. 또 현종 때의 초조대장경판이 불에 타 버리는 바람에 다시 새긴 것이라고 해서 재조대장경판이라고도 합니다.

● 고려청자

9세기 중국에서 전해진 청자 기술은 12세기에 이르러 그 옥색의 아름다움을 꽃피우는 절정기를 맞았습니다.

● 밀양 손씨, 창녕 성씨 쌍열녀문

이 열녀문에는 다음과 같은 사연이 있습니다.
손씨는 김기철의 처로서 안동 김씨 집안에 출가하여 임신 4개월만에 남편과 사별하였습니다. 손씨는 예를 다하여 죽은 남편을 섬기고 유복자를 길러서 창녕 성씨 며느리를 보았지만 며느리 역시 20세가 채 안 되어 남편과 사별하였답니다. 젊은 시어머니와 며느리는 비통함이 이루 말할 수 없었지만, 몸가짐이 곧고 부지런하여 주위의 칭찬을 한몸에 받아 모범이 되었습니다. 이와 같은 사실이 조정에 알려져 고종 갑진년에 정문을 세우도록 명을 내렸답니다.
이 문은 충남 연기군 동면 내판리 마을 앞에 세워진 2칸 정려로 조선 후기의 정려 건축의 모범을 보이고 있습니다.

● 비원

조선시대의 별궁인 창덕궁의 후원으로 비원이 라는 명칭은 1904년부터 쓰였다고 합니다. 광해군 때 불에 탄 창덕궁을 복구하면서 이 곳의 사치스러움이 극에 달했다고 합니다

● 탕평비

영조는 탕평책을 실시하여 유생들에게 당론을 금지시켰지만 그 뜻을 이루지 못하였고 오히려 세도정치로 변하였답니다.

● 향교

향교에서 적극적인 유학 교육이 시작된 것은 조선시대부터입니다. 그리하여 성종 때 각 군·현에 설치되었답니다.

● 독립문

독립문은 세계적으로는 우리 나라가 자주독립국임을 알리고 우리 나라 사람들에게는 독립의 의지를 심어 주기 위해서 세워졌습니다.

3·1 운동 훨씬 전인 1896년에 세워진 독립문은 서대문 독립공원으로 들어서는 길에 볼 수 있는데 여기서는 우리 민족의 강인한 정신력과 의지를 보여 주는 곳입니다.

● 도산 서원

경북 안동에 있는 이 곳은 사적 제170호로 조선시대 선조 때 퇴계 이황의 도산 서당 뒤에 지어졌답니다.

우리의 역사는 우리 민족이 살아온 발자취이며
우리의 모습을 비춰 보는 거울입니다.
오늘 우리가 누리는 이 행복한 삶은 어느 한 순간에 이루어진 것이 아니라 오랜
역사 속에서 온갖 어려움을 극복하고 자주와 창조,
개혁의 정신으로 민족 문화를 발전시켜 온 조상의 노력에 의한 것입니다.
밝은 내일을 창조해 나갈 우리 어린이들이 귀중한 우리
민족 문화유산에 담긴 의미를 살펴봄으로써 우리의 역사를
올바르게 이해하고 그 소중함에 대해 다시 한 번 느낄 수 있기를 기대합니다.

● 머리말

유물·유적에 담긴 비밀을 찾아서

부모님 손을 잡고 여행을 하다 보면 옛날 우리 조상들이 만든 유물·유적들을 자주 만나 보게 됩니다. 보고 느끼는 것만으로도 소중하고 아름다운 우리의 문화유산들이지요.

그러나 그 유물·유적 속에 담긴 의미를 알고 본다면 선조들의 삶의 숨결과 소중함을 느낄 수 있을 것입니다.

어떤 유물·유적이든 그것은 만들어진 시대와 지나온 시대의 이야기를 우리에게 생생하게 전해 줍니다. 유물 하나하나에 많은 비밀이 담겨져 있는 것도 이 때문입니다. 물론 그 안에는 비밀을 푸는 열쇠도 함께 담겨 있습니다. 그러므로 우리가 그 시대의 역사와 문화를 알고 유물을 바라본다면 누구나 이 비밀을 푸는 열쇠를 손에 쥘 수 있습니다.

유물에 담겨 있는 비밀을 추적해 보는 것은 대단히 흥미로운 여행입니다. 또한 비밀을 많이 갖고 있는 유물일수록 우리에게 보다 많은 이야기를 전해 줄 것입니다.

이 책은 여러분들이 쉽게 찾을 수 없는 유물의 비밀을 푸는 열쇠를 전해 줄 것입니다. 또한 이 책에 실린 열다섯 가지의 주제들을 읽다 보면 우리 조상들이 만든 유물들을 바라보는 시선이 새로워질 것입니다. 그리고 몇백 년, 아니, 몇천 년 전의 유물들이 우리 가슴 속에 다가와 옛 이야기를 속삭일 것입니다. 또한 조상들의 이야기는 오늘날 우리들에게 삶의 지혜와 용기를 줄 것입니다.

차 례

2부 고려시대

● 개관 98

3부 조선시대

석굴암 본존불
석굴암의 내부에 있으며 그 주위를 열 명의 제자, 나한, 사천왕 등의 조각(부조)이 둘러싸 고 있어 독특한 신앙의 아름다움을 풍긴다.

삼국·통일신라시대

1부

고구려인들의 천하관이 담긴 광개토대왕릉비

〈장수왕이 아버지의 업적을 기리기 위해서 세운
광개토대왕릉비에는 과연 어떤 내용들이 기록되어 있을까요?
그리고 당시 고구려인들은 어떠한 천하관을 가지고 있었을까요?〉

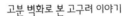

고분 벽화로 본 고구려 이야기

〈고구려인들이 고분에 벽화를 남기는 것을 중요시한 이유
는 무엇이었을까요? 그리고 고구려인들의 생활모습과
내세관이 잘 드러난 벽화로는 어떤 것이 있을까요?〉

서동과 선화 공주의 전설이 얽힌 미륵사지 석탑

〈우리 나라 최초의 석탑인 미륵사지 석탑에 얽힌 전설 속의
주인공인 서동과 선화 공주는 과연 누구일까요? 그리고
선화 공주가 미륵사를 지어달라고 한 이유는 무엇일까요?〉

신라 금관의 주인은 제사장인 무당

〈신라의 왕은 건국 이후 박씨계와 석씨계, 그리고 김씨계가
차지하였는데, 이 중 신라 금관의 주인은 과연 누구였을까요?
또 금관에는 금관의 주인이 당시 어떤 역할을 했는지에 대한
비밀이 숨겨져 있다는데 과연 그 비밀이란 무엇일까요?〉

고구려와 백제 유민의 원혼을 달래려고 만든 석굴암

〈석굴암을 지은 김대성이 두 부모님을 모시게 된 사연은
무엇일까요? 그리고 김대성은 왜 석굴암을 지었으며 석굴암
에는 어떤 신비로운 사실들이 숨어 있을까요?〉

고구려인들의 천하관이 담긴 광개토대왕릉비

광개토대왕릉비
당시 고구려의 수도였던 만주 통구에 있으며 광개토대왕의 전생애와 업적이 기록되어 있어 고대사 연구의 귀중한 자료가 되고 있다.

광개토대왕을 추모하는 비

광개토대왕(374~413년)은 고구려 제19대 왕입니다. 광개토대왕릉비는 장수왕이 아버지 광개토대왕의 업적을 기리기 위해 세운 비석입니다. 이 비석은 광개토대왕이 세상을 떠난 지 2년 후인 414년에 옛날 고구려의 수도였던 국내성 근처, 지금의 중국 길림성 집안현 태왕향 구화리에 있으며 광개토대왕의 능으로 알려진 장군총과 일직선으로 짝을 이루고 있습니다.

높이 6.39미터, 무게 37톤의 거대한 응회암으로 만들어진 이 비석은 가공하지 않은 자연 그대로의 돌을 사용해서 겉면이 울퉁불퉁하며 비문에는 총 44행 1,775글자가 예서체로 쓰여져 있는데 고풍스러우면서도 힘이 넘쳐나 강인한 고구려인의 기상을 잘 나타내고 있습니다.

광개토대왕이 왕이 되기까지는 많은 우여곡절

이 있었답니다.

고구려의 17대 왕인 소수림왕에게는 대를 이을 아들이 없어서 동생의 아들인 담덕을 양자로 삼았으나 그를 세자로 책봉하기도 전에 죽고 말았습니다. 그래서 담덕의 아버지가 소수림왕의 뒤를 이어 고구려의 제18대 왕인 고국양왕이 되었습니다.

고국양왕은 임금이 되자 아들 담덕에게 보검을 내어 주면서 이렇게 당부하였습니다.

"이 보검은 우리 고구려의 시조인 주몽성왕 때부터 보배로 전해 내려온 칼이다. 세자는 이 보검을 소중히 간직하여 나라를 이어갈 기량을 연마하는 데 조금도 소홀함이 없도록 하라."

아버지로부터 보검을 받은 담덕은 용맹스런 지도자가 되기 위해 열심히 노력하였습니다. 그 후 담덕은 아버지의 뒤를 이어 18세의 나이로 고구려의 제19대 왕이 되었는데, 그가 바로 광개토대왕입니다.

광개토대왕은 연호를 '영락'이라 정하고 즉위한 지 불과 1년도 안 되어 고구려의 땅을 넓히고 세력을 확장하는 데 온 힘을 쏟아 고구려를 강한 나라로 만들었습니다. 또한 광개토대왕은 영락대왕이라고도 불렸는데 전장에 나가 싸우면 반드시 이기고 돌아왔으므로 이웃나라 왕들은 영락대왕의 이름만 들어도 벌벌 떨 정도였다고 합니다. 그러나 광개토대왕은 안타깝게도 39세라는 젊은 나이로 세상을 떠나고 말았습니다.

《삼국사기》에는 광개토대왕에 대해 '나면서부터 체격이 크고 활달한 뜻을 가졌었다.'고 기록되어 있습니다.

또 '용감하고 지략이 많았던 백제의 진사왕조차도 광개토대왕이 용병에 능하다는 말을 듣고 싸우지 못하여 한강 북쪽의 부락들을 많이 빼앗겼다.'는 기록을 보면 광개토대왕은 군사적 재능이 탁월한 비상한 군인왕이었음을 알 수 있습니다.

장군총
중국 길림성 집안현에 있으며 정사각형의 바닥에 잘 다듬어진 1,100여 개의 화강암으로 이루어져 있다.
현지 중국의 학자들은 광개토대왕의 무덤이 아닌 장수왕의 무덤이라고 추정하기도 하지만 분명한 것은 아니다.

하늘신과 물신의 자손인 광개토대왕

광개토대왕릉비의 비문 내용은 세 부분으로 나눌 수 있는데 첫째 부분에는 '옛날 시조 추모왕(주몽)이 나라를 세웠다. 천제(天帝)의 아들이요, 북부여에서 나셨으며, 어머니는 하백의 딸이다.' 라고 쓰여 있습니다. 천제란 천신, 즉 하늘의 신을 뜻하는 말이며 추모왕은 하늘신의 아들이므로 천자(황제)가 된다는 뜻입니다. 또한 추모왕의 어머니는 물의 신 하백의 딸이고 추모왕의 아버지는 하늘의 신, 외할버지는 물의 신이니 그 아들 추모왕도 당연히 천하의 주인이라고 할 수 있다는 것입니다. 즉 성스런 왕통을 이은 고구려 왕이 천자가 되는 것이 당연했습니다.

추모왕(주몽)이 나라를 세운 이야기는 《삼국유사》에 비교적 자세하게 기록되어 있습니다.

◑ 삼국유사(三國遺事)

고려 충렬왕 때의 명승 보각국사 일연(一然 : 1206~1289)이 신라 · 고구려 · 백제 3국의 유사(遺事)를 모아서 지은 역사서로 〈삼국사기〉와 더불어 삼국시대의 역사와 문화를 종합적으로 전해 주는 소중한 책이다. 유사라는 말은 예로부터 전하여 오는 사업의 남은 자취를 뜻한다. 모두 5권으로 되어 있으며, 편찬 연대는 확실하지 않으나, 1281~1283년(충렬왕 7~9) 사이에 만들어진 것으로 여겨진다. 이 책은 유사라는 이름에서 볼 수 있듯이 〈삼국사기〉에서 빠뜨린 내용을 보완한다는 성격을 가진다. 단군 신화를 실어 민족의 시조와 유래를 알 수 있게 한 점, 한반도를 중심으로 생성 · 소멸했던 여러 나라에 관한 자료를 실어 우리 민족의 형성 과정을 살필 수 있게 한 점 등이 그것이다. 이밖에도 향가 14수가 기록되는 등 전통문화 유산의 중요한 자료를 풍부하게 보존하고 있다.

북부여의 왕인 해부루가 천제의 명령을 받고 동부여로 옮겨가 아들 금와에게 왕위를 물려 주고 죽었습니다.

어느 날, 사냥을 나간 금와왕은 태백산 남쪽에 있는 우발수라는 강 옆을 지나다가 우연히 한 여자를 만났는데 그 여인은 물의 신 하백의 딸 유화였습니다. 그녀는 동생들과 함께 꽃구경을 나왔다가 천제의 아들 해모수를 만났다고 합니다. 해모수는 유화와 하룻밤을 지내고는 돌아오지 않았습니다. 유화의 부모님은 허락도 없이 혼인했다 하여 유화를 내쫓았고 금와왕은 쫓겨난 유화를 데려다가 방에 가두었습니다. 그런데 한 줄기 햇빛이 방 안으로 들어와서는 유화를 비추는 것이었습니다. 유화는 햇빛이 싫어 몸을 피했지만 햇빛은 계속 유화를 따라다니며 비추었습니다.

이런 일이 있은 뒤에 유화는 임신을 했고, 얼마 후 커다란 알을 하나 낳았습니다. 금와왕은 깜짝 놀라 그 알을 개와 돼지에게 주었으나 먹지 않았습니다. 그래서 다시 소에게 먹일 생각으로 길에 내버렸는데 소와 말도 멀찌감치 피해 다니기만 했습니다. 금와왕은 이번에는 알을 아무도 없는 벌판에 버렸습니다. 그랬더니 날아가던 새들이 내려와서 알을 날개로 덮어 주며 따뜻하게 감싸는 것이었습니다.

금와왕은 하는 수 없이 그 알을 다시 유화에게 돌려 주었고 유화는 보드라운 천으로 알을 싸서 따뜻한 곳에 두었습니다. 얼마 후, 알 속에서 한 사내아이가 나왔는데 그가 바로 주몽입니다.

아이는 일곱 살이 되자 혼자 힘으로 활과 화살을 만들어 쏘았고 쏘는 것마다 백발백중이었습니다. 그래서 사람들은 활을 잘 쏜다 하여 '주몽'이라고 불렀습니다.

금와왕에게는 일곱 아들이 있었는데, 주몽과 함께 말타기·활쏘기·사냥 등을 하며 자랐습니다. 그러나 일곱 왕자 중 아무도 주몽의 재주를 따르지 못했습니다.

이렇게 되자 금와왕의 큰아들 대소는 아버지에게 주몽은 나중에 반드시 화근이 될 것이니 죽이자고 하였습니다. 하지만 금와왕은 아들의 말을 듣지 않고, 대신 주몽에게 말 먹이는 일을 시켰습니다. 그래서 주몽은 좋은 말과 나쁜 말을 가려 낼 줄 아는 지혜가 생겼습니다.

'나를 모략하는 사람들이 점점 늘어나고 있으니 만약의 사태에 대비해야겠구나.'

이렇게 생각한 주몽은 훌륭한 말에게는 일부러 먹이를 적게 주어 마르도록 하고, 둔한 말은 잘 먹여서 살찌웠습니다.

하루는 금와왕이 주몽에게 말했습니다.

"살찐 말은 내가 탈 것이니 너는 여윈 말을 타도록 하라."

그래서 주몽은 비록 겉으로 보기에는 비쩍 말랐지만 훌륭한 말을 타게 되었습니다.

그러던 어느 날, 주몽의 어머니 유화 부인은 주몽을 불러놓고 말했습니다.

"태자 대소가 여러 왕자들과 함께 너를 죽이려고 하니 어디든 멀리 떠나거라."

그리하여 주몽은 날이 밝기 전 가까운 벗 세 사람과 함께 동부여를 몰래 빠져 나왔습니다. 그러나 이를 알게 된 태자 대소와 신하들이 말을 몰아 그들을 뒤쫓았습니다.

도망가던 주몽 일행은 엄리수라는 큰 강 앞에서 더 이상 나아갈 수 없게 되었습니다. 이에 주몽은 앞으로 나서며 강을 향해 큰 소리로 외쳤습니다.

"나는 천제의 아들이요, 하백의 손자이다! 지금 나를 죽이려는 자들이 뒤쫓아오고 있어 죽음을 피해 달아나고 있는데, 어찌하면 좋겠는가?"

그러자 신기하게도 물 속에서 수많은 고기와 자라가 올라오더니 다리를 만들어 주었습니다. 그리하여 주몽 일행은 무사히 강을 건너 졸본에 이르렀고 도읍을 정하여 고구려를 세웠습니다. 이 때 주몽의 나이 열두 살이었다고 합니다.

장수왕이 광개토대왕릉비를 세운 이유

장수왕은 광개토대왕이 죽자 거대한 고구려 제국이 무너질까 봐 두려웠습니다. 그래서 고구려 제국이 단결할 수 있도록 광개토대왕의 업적을 기록한 광개토대왕릉비를 세운 것입니다.

이렇게 비문 첫째 부분에 새겨진 추모왕의 건국 설화에서
는 하늘신의 아들이요, 물의 신의 손자인 추모왕이 고구려
를 세웠음을 밝혀 고구려 왕가를 신성화시켰습니다.
또한 주몽을 처음에는 어려움에 빠지기도 하였지만 고난을
극복하고 고구려를 세운 영웅이라고 강조함으로써, 훌륭한
추모왕의 후손들이 고구려뿐만 아니라 다른 나라까지 다스
리는 것은 당연하다고 여기도록 했습니다. 이렇게 조상들
의 신성함을 여러 사람들에게 알리고 기억시키기 위해 장

동명왕릉
평양시 역포구역 무진리 소재. 왕릉의 밑부분은 한 변의 길이가 22m나 되며 왕릉 내부 벽면에는 641개의 연꽃으로
장식된 화려한 벽화가 그려져 있다.

수왕은 거대한 비석을 세운 것입니다.

그리고 장수왕은 천제인 해모수의 아들로부터 시작된 고구려 왕가의 성덕이 광개토대왕에게 계승되었고 대왕의 덕 때문에 주변의 여러 나라와 민족이 귀순하였다는 것을 알리고 싶었습니다. 그래서 광개토대왕의 업적을 기리는 비문의 첫머리에 추모왕의 건국설화를 쓴 것입니다.

위대한 정복군주, 광개토대왕

둘째 부분에는 광개토대왕이 벌였던 정복 사업에 대해 자세히 설명되어 있습니다.

광개토대왕은 왕위에 오른 지 5년(영락 5년, 395)이 되었을 때 요하 상류 부근의 시라무렌 강인 염수 방면으로 진출하였습니다. 그리하여 이 곳에서 거란족의 진영 600~700개를 물리치고 많은 가축을 얻어 돌아왔습니다.

영락 6년(396)에는 친히 군대를 이끌고 백제를 쳐서 함락시킨 후 아신왕의 항복을 받아 내었는데, 이 때 고구려가 점령한 백제의 성은 모두 58성 700촌에 달했으며 이들 성곽들은 대부분 남한강 상류의 충청북도 동부 지역과 강원도 영서 산간 지역이었다고 합니다.

영락 10년(400)에는 보병과 기병 5만 명을 이끌고 신라를 구하기 위해 낙동강 하류 지역까지 진출하여 백제 · 가야 ·

왜의 동맹군을 무찔렀습니다. 이 때 고구려 군대가 낙동강 유역까지 진출한 결과 선진적인 고구려 문화가 낙동강 유역까지 전파되어 신라와 가야 문화, 바다 건너 왜 문화까지 변화, 발전시켰습니다.

영락 14년(404)에는 대방의 옛 땅에서 백제와 왜 연합군을 무찔렀고 그로부터 3년 후인 영락 17년에는 고구려 군대 2만 명이 백제를 쳐서 6개 성을 빼앗고 1만 벌의 갑옷을 빼앗았다고 합니다. 마지막으로 영

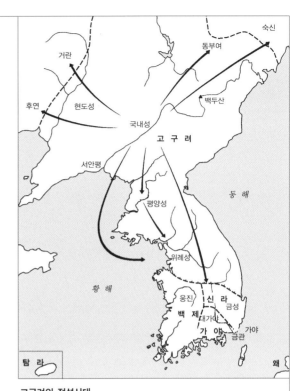

고구려의 전성시대
압록강 중류 지역에서 일어난 고구려는 불리한 지리적 환경을 극복하고 광개토대왕 때에 이르러 전성시대를 열었으며 아들 장수왕 때에 이르러서는 한반도 중부 이남에까지 그 세력이 미쳤다.

락 20년(410)에는 직접 군대를 이끌고 지금의 두만강 하류 지역에 있던 동부여를 정벌하였습니다.

이렇게 영토 확장에 힘쓴 결과 광개토대왕이 임금으로 있던 21년 동안 64개의 성과 1,400여 개의 마을을 정복할 수 있었습니다. 이렇게 하여 동쪽으로는 두만강 하류, 남쪽으로는 예성강에서 충주와 소백산맥을 넘어 영일만을 잇는 지역, 서쪽으로는 요하, 그리고 북쪽으로는 농안과 장춘의 서남방인 개원 일대가 모두 고구려의 영토가 되었습니다.

광개토대왕은 요동을 차지하고 거란 등 주변 민족을 복속시켜 만주 대륙의 주인공이 되었지만 39세의 젊은 나이로 세상을 떠났습니다. 결국 영토 개척은 아들 장수왕에 의해 마무리되었습니다. 장수왕은 475년, 백제의 한성을 함락시키고 신라 땅에도 병력을 주둔시켜 강력한 지배권을 확립하였습니다. 그리고 고구려의 영향력을 몽골 고원지대까지 미치도록 했습니다.

이리하여 고구려는 동북아시아에서 중국의 북위 및 남제와 어깨를 나란히하는 강국이 되었습니다. 장수왕은 98세까지 살면서 부왕의 뜻을 이어받아 영토 개척의 대역사를 성공적으로 마무리지은 것입니다.

광개토대왕비의 마지막 부분은 왕릉을 관리하는 묘지기에 관한 기록인데, 이 기록으로 보아 330여 집에서 2천여 명에 가까운 주민들이 광개토대왕릉을 관리했음을 알 수 있습니다.

고구려인의 천하관이 잘 드러나

광개토대왕릉비문의 제1면 5행에는 '영락대왕(광개토대왕)의 은혜와 혜택이 하늘에까지 이르고, 대왕의 위력은 사해(四海)에 떨쳤다. 나쁜 무리를 쓸어서 제거하시니 백성들이 편안히 생업에 종사하도다. 나라가 부유해지고 백성들이 잘 살아 온갖 곡식이 풍성하게 익었도다.'라고 기록되어 있습니다. 이는 광개토대왕이 천하의 지배자임을 과시하는 것뿐 아니라 고구려가 곧 천하의 중심국이라는 고구려인의 천하관을 강하게 드러내고 있는 것입니다.

이 같은 표현은 광개토대왕비 근처의 하해방촌에 있는 모두루 묘지에 더 잘 나타나 있습니다. 모두루는 광개토대왕 때 북부여 지방에서 지방관을 지냈던 사람인데, 묘지의 첫머리에 '하백(河伯)의 손자이며 일월의 아들인 추모성왕이 북부여에서 태어나셨으니, 마침내 온 세상 사람들이 이 나라 이 고을의 성스러움을 알 것이다.'라고 기록되어 있습니다. 이 또한 당시의 고구려인들이 고구려가 천하의 중심국이라는 생각을 하고 있었음을 잘 보여 준 것입니다. 고구려인들은 이에 따라 하늘 아래 모든 국가들은 고구려에 복속되어야 한다고 생각했습니다.

이러한 천하관은 중국 춘추시대에 처음 형성되었습니다.

중국의 천하관은 하늘 아래의 모든 세상을 뜻합니다. 다시 말해 온 세상은 천자의 통치 아래에 있다는 것을 의미하는 데 반해 고구려인들의 천하관은 중국과는 차이가 있습니다. 고구려인들이 말하는 천하는 고구려의 왕이 지배할 수 있는 지역을

> #### ❀ 춘추전국시대(春秋戰國時代)
>
> 기원전 770년 중국의 주나라가 호경에서 낙양으로 도읍을 옮긴 후 기원전 221년 진(秦)나라의 시황제가 중국을 통일할 때까지의 시대. 춘추시대에는 제후의 수가 100명을 헤아렸는데, 그 가운데에서 제(齊)·진(晉)·초(楚) 등의 제후가 여러 제후 사이의 분쟁을 조정하였다. 이후 전국시대에 들어와 주나라 왕실의 권위는 사라지고, 제후들은 저마다 왕이라 일컬으며 세력 다툼을 벌였다. 그 가운데에서 특히 '전국 칠웅'이라 불리는 진(秦)·초(楚)·연(燕)·제(齊)·한(韓)·위(魏)·조(趙)의 일곱 나라의 세력이 두드러졌는데, 이들 나라는 저마다 영토를 넓히고 부국강병책을 펴 나가다가 마침내 진(秦)나라에 의해 천하가 통일되었다.

광개토대왕릉비문 탁본

말합니다. 따라서 천하는 몇 개의 지역권으로 나뉘어 있으며, 고구려는 이 지역권의 중심에 있다고 생각했습니다.

그러면 고구려인들의 천하관은 어떻게 만들어졌을까요?

고구려는 광개토대왕릉비가 세워진 5세기 초에 동북아시아의 강국이었습니다. 그 당시 중국은 몇 개의 나라로 나뉘어 있었는데 북중국에서는 북방 민족이 세운 나라들이 잇달아 들어섰다가는 곧 멸망했고, 요동 · 요서 지역에서 세력을 떨치던 선비족의 후연도 쇠퇴하고 있었습니다. 남쪽의 신라는 아직 힘이 약했고, 가야도 몇 개의 작은 나라로 나뉘어 있었습니다.

고구려와 힘을 대적할 수 있는 나라는 백제와 왜 정도였습니다. 백제는 고구려의 남쪽 국경을 계속 위협하면서 고구려가 남쪽으로 내려가는 것을 가로막고 있었고, 근초고왕 때(371)에는 고구려 고국원왕을 전사시킬 정도였습니다.

그러나 이후 고국원왕의 손자 광개토대왕이 백제를 공격하여, 아신왕의 항복을 받아 내고 60여 개의 성을 빼앗는 등 큰 승리를 하였습니다. 나아가 신라에 침범한 왜군을 물리쳐 주고 신라를 복속시켰으며, 북으로는 거란 · 숙신 · 동부여를 복속시켰습니다. 광개토대왕은 이렇게 주변 국가들을

차례로 정복하여 마침내 고구려를 동북아시아의 강국으로
만들었습니다.

이에 따라 고구려인은 스스로를 천하의 중심이라고 생각하
게 되었고, 주변 국가를 신하국으로 여기게 되었습니다. 광
개토대왕릉비에도 '백제와 신라는 옛부터 속민으로 고구려
에 조공해 왔다.', '동부여는 추모왕의 신민이었다.' 라고
기록되어 있습니다.

조공국인 신라와 북부여는 고구려에 옥이나 금과 같은 특
산물을 보냈을 뿐만 아니라 조공국의 왕은 고구려를 방문
하여 신하의 예를 갖췄습니다. 이에 고구려는 답례품을 주
고 조공국이 전쟁을 하면 구원병을 보냈습니다.

이렇게 고구려는 군사적으로 조공국을 도와 주는 대신, 정
치적 힘으로 조공국을 누르고 고구려를 중심으로 국제 질
서를 유지한 것입니다. 이러한 사실을 알려 주고 있는 기념
물이 바로 광개토대왕릉비입니다.

고분 벽화로 본
고구려 이야기

고분 벽화를 그린 고구려인

고분 벽화란 옛 무덤 내부의 묘실 벽에 그려진 그림을 말합니다. 죽은 이의 세계에서는 부장품이 쓸모가 없다고 믿어 사용하던 물건을 묻지 않고 대신 그림을 그리게 되면서 유행하기 시작했습니다.

고대 국가 중에서 무덤 내부를 장식하는 고분 벽화가 가장 많이 그려진 나라는 고구려였습니다. 고구려의 고분 벽화는 지금까지 90여 기가 발견되었는데, 이는 고구려인들이 고분에 벽화를 남기는 것을 중요시했기 때문입니다. 물론 백제·신라 및 가야인들도 고분에 벽화를 남기긴 했지만

무용총 가무도
무용총 가무도의
춤추는 다섯 명

수량도 적고 그림의 종류도 다양하지 않았습니다.

그러나 이들 세 나라와 달리 고구려에서는 약 3세기 말부터 멸망할 때까지 벽화 고분이 계속 만들어졌습니다.

벽화의 주제도 다양하여 현실 세계의 다양한 생활 모습과 사후 세계까지 잘 표현되어 있습니다. 또한 기술적 수준도 매우 높아 하나같이 고구려인들의 창조력과 예술적 감각을 한눈에 알아볼 수 있는 좋은 작품들입니다. 이처럼 고구려의 고분 벽화는 고구려 문화를 이해할 수 있는 생생한 자료이자, 당시 동아시아의 판도를 가늠할 수 있는 자료로서 그 가치를 인정받고 있습니다.

통구와 대동강 유역에서 주로 발견

고분 벽화는 규모나 장식이 화려했던 것으로 보아 대체로 왕족이나 귀족의 무덤이었던 것으로 생각됩니다. 이들 고분은 주로 고구려의 수도였던 만주 집안 지역이나 대동강 유역에 몰려 있습니다.

압록강 중류 오른편에 위치한 집안은 고구려 초기와 중기에 정치 · 경제 · 문화의 중심지였으며, 지금도 이 곳에는 고구려의 도성 유적이 많이 남아 있습니다.

당시 고구려인들이 남겨 놓은 무덤의 수는 1만 3천여 기에 달하는데 이 가운데 고분이 가장 집중적으로 나타나는 곳

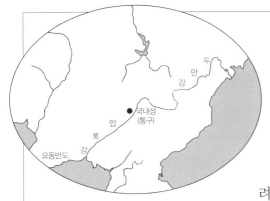

통구 고분군의 위치

은 집안 통구 일대로 이를 통구 고분군이라고 합니다. 이 곳에서 20여 기의 벽화가 발견되었고, 고구려가 평양으로 도읍을 옮긴 후 고구려의 중심지가 되었던 대동강 유역에서는 70여 기의 고분 벽화가 발견되었습니다.

고구려의 고분 벽화에 대해 본격적으로 알아보기 전에 먼저 고구려의 무덤 형식에 대해 알 필요가 있습니다. 고구려의 무덤에는 크게 두 가지 형식이 있는데 하나는 돌을 차곡차곡 쌓아 만든 적석총이고, 다른 하나는 석실을 흙으로 덮는 봉토 석실묘입니다.

적석총은 국내성 지역을 중심으로 고구려 초기부터 평양으로 수도를 옮기기 전까지 만들어졌습니다. 가장 대표적인

백제 초기 적석총
백제 전기의 임금 계급(지배계급)의 분묘로 고구려시대의 계단상 적석분의 형식을 답습하였다.

적석총은 동양 최대의 피라미드로 알려진 장군총입니다. 반면 봉토 석실묘는 대략 3세기 초반부터 만들어지기 시작하여 5세기 중반 이후에는 적석총을 대신해 고구려 고분의 다수를 이루었습니다. 적석총이 사라지게 된 이유는 적석총은 만드는 데 많은 인력이 들고 한번 만들면 다시 사용하기가 어려웠기 때문입니다. 그러나 봉토 석실묘는 한번 축조한 석실을 여러 번 사용할 수 있고, 언제든지 열었다 닫을 수 있어 편리했습니다. 또한 석실을 잘 맞추어 짜기 때문에 견고하며 묘실이 높고 넓어 공간을 잘 활용할 수 있었습니다. 뿐만 아니라 벽화를 그려 넣을 수도 있고 적석총에 비해 경비도 크게 절약되어 많이 만들어지게 되었습니다.

초기의 고분 벽화는 주로 벽에 회를 발라 그 위에 그림을 그렸습니다. 이렇게 그린 벽화로는 무용총, 각저총, 삼실총 등에 그려진 벽화가 있습니다. 그러나 이후에는 잘 다듬은 돌 표면에 직접 그림을 그려 넣게 되었습니다. 후기 벽화에 속하는 다섯무덤이나 사신총이 이에 속합니다.

고분 벽화는 대체로 4세기에서 7세기 전반에 그려졌는데 이 시기는 고구려가 통치체제를 완비하고 광대한 영토를 지배하며 전성기를 누리던 시절이기도 합니다. 당시 고구려는 중국과 국경을 맞대고 있는 지리적 이점을 적극 활용하여 중국의 선진 문화를 수입, 찬란한 문화를 꽃피웠습니다. 이러한 문화가 고분 벽화에 그대로 나타나 있답니다.

초기에는 생활풍속도,
후기에는 사신도가 많이 그려져

고구려 고분 벽화는 그림의 주제에 따라 생활풍속도 · 장식
무늬 · 사신도 등의 세 가지로 나눌 수 있습니다.
주인공이 생전에 생활했던 모습이나 업적을 그린 생활풍속
도는 주로 3세기 말에서 5세기 초에 그려졌는데 생활풍속

수산리벽화고분 행렬도
주인공 부부가 남녀 시종을 거느리고 야외 나들이를 하는 광경을 잘 나타낸 그림이다.

도 위주로 그려진 고분 벽화는 모두 45기가 있습니다.

생활풍속도 벽화 무덤은 내부 구조가 생전의 저택처럼 두 칸 또는 여러 칸으로 이루어져 있으며 각 방의 모서리와 벽에 붉은 색 안료를 사용해 기둥과 들보·두공 등 목조 가옥의 골조를 그려 주택처럼 꾸몄습니다.

벽화의 내용은 죽은 사람의 생전 생활 가운데 가장 인상적인 내용과 풍요로운 생활 모습을 그려 내세에도 잘 살기를 바라는 마음을 담았습니다. 그 밖에 무덤 주인이 혼자 또는 부인과 함께 시종들의 시중을 받는 장면, 긴 행렬을 이끌고 야외에 나가는 장면, 산과 들을 누비며 사냥하는 장면, 연회를 즐기며 노래하고 춤을 추는 장면 등이 주류를 이루고 있습니다.

그러나 5세기에 접어들면서 생활풍속도와 사신도가 함께 그려지거나 죽은 사람의 극락왕생을 바라는 마음이 담겨 있다는 연꽃무늬 같은 장식 무늬가 많이 그려지게 되었습니다.

무용총 수렵도
기마 무사들이 호랑이, 사슴, 토끼 등을 사냥하고 있는 모습.

무용총 가무도
남녀가 대열을 짓고 노래에 맞추어 춤을 추고 있는 광경.

각저총 주인공 실내생활도
무인으로 보이는 주인공이 칼을 차고 의자에 걸터앉아 있고 그 주변에 여인들이 앉거나 서 있는 모습.

사 신 도

4

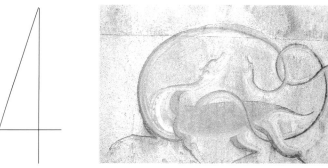
강서대묘 현무도

강서중묘 백호도

강서대묘 청룡도

강서중묘 주작

강서중묘 주작

연꽃 무늬는 주로 집안 지역의 고분 벽화에 많이 그려졌는데 이로 보아 5세기 고구려에 불교가 유행했으며, 집안 지역의 귀족들 사이에서는 극락정토에서 새로운 삶을 꿈꾸는 불교적 내세관이 유행했음을 알 수 있습니다. 연꽃무늬 이외에 동심원 무늬, 왕(王)자 무늬, 불꽃 무늬, 화초 무늬, 구름 무늬 등도 많이 그려져 있습니다.

사신도는 초기 고분 벽화에서는 천장 부분에 조그맣게 그려지다가 점차 벽의 위쪽과 아래쪽에 생활풍속 장면과 나뉘어 표현되었습니다. 그러다가 6세기 중엽부터 7세기 전반에는 고분 전체의 주제가 되면서 널방(현실)의 네 벽에 큰 그림으로 그려지게 되었습니다. 반면에 생활풍속도는 점점 줄어들어 결국은 사라지게 되었답니다.

사신이란 동서남북 4곳의 수호신으로 동쪽은 청룡(靑龍 : 용), 남쪽은 주작(朱雀 : 붉은 봉황), 서쪽은 백호(白虎 : 호랑이), 북쪽은 현무(玄武 : 거북)를 뜻합니다. 이들은 모두 상상의 동물인데, 그 중 주작은 때로는 수탉으로 표현되기도 하며, 현무는 거북과 뱀이 조화로운 형상을 띠고 있는 모습으로 표현되기도 합니다.

❂ 강서삼묘(江西三墓)

고구려 시대의 벽화 고분으로 평안남도 강서군 강서면 삼묘리 벌판에 있으며 무덤 세 개가 삼각형을 이루면서 배치되어 있다. 그 중 가장 크고 벽화가 많은 것이 강서대묘이고 약간 작고 벽화가 있는 것이 강서중묘, 벽화가 없는 것이 강서소묘이다.

❂ 풍수지리설(風水地理說)

산수의 형세나 지형을 살핀 후 사람에게 미칠 영향(길흉화복)을 판단하는 전통 사상. 풍수지리설은 도성·절터·집터·묏자리 등을 잡을 때 재앙을 물리치고 행복을 가져올 땅의 형세를 판단하는 것으로, 풍수설 또는 지리설이라고도 한다. 우리 나라에 풍수지리설이 들어온 것은 삼국시대로, 특히 신라 말기에는 도선(道詵)과 같은 대가가 나와 〈도선비기〉와 같은 책을 남겼다. 고려 태조도 도선의 설을 믿어 자손을 위해 남긴 '훈요십조'에 절을 지을 때는 반드시 산수의 지덕(地德)을 보아 지으라 하였고 조선 태조 이성계도 풍수지리설에 따라 한양으로 도읍을 정하였다. 오늘날까지도 풍수설을 좇아 명당을 찾아 산소를 잘 써야 자손이 복을 받는다고 믿는 사람이 있다.

후기 고분 벽화에 나오는 사신도는 뛰어나게 역동적이고 색채가 화려하여 예술적 가치가 대단히 높다고 합니다. 지금까지 사신도가 남아 있는 고분 벽화는 34기 정도라고 합니다.

사신도는 음양오행설에 바탕을 둔 풍수지리설이 고구려에 들어오면서부터 대개 방위와 방향에 맞춰 그려졌습니다. 그리하여 무덤의 위치가 사신 모양의 지세가 아니거나 좋은 자리가 아닐 경우 묘실 안에 대신 사신을 그려 넣게 되었습니다. 왜냐 하면 고구려 사람들에게 사신이란 저승 세계로 가는 길을 호위해 주는 신이었고 무덤을 영혼이 머무는 장소, 영혼이 저승으로 가기 위해 준비하는 장소로 생각했기 때문입니다. 즉 저승으로 가는 길에 나쁜 기운이 들어오지 못하게 사신도를 벽화 전면에 그렸던 것입니다.

해와 달은 각각 해모수와 유화 부인을 뜻하는 것

벽화가 그려진 고분의 현실 천장부에는 고구려인들이 믿던 하늘 세계의 모습이 그려져 있는데 주로 해와 달, 그리고 각종 별자리입니다. 해는 흔히 둥근 원 안에 세 발 까마귀가 들어 있는 모습이며 달은 두꺼비가 들어 있는 모습인데, 이 그림은 중국에서 영향을 받은 것이라고 합니다.

세 발 까마귀는 고대 중국 신화에서 해 속에 산다고 여겨져 오는 상상의 새인데 신화에 따르면 오는 해를 나르던 금까마귀는 모두 열 마리였으나 활을 잘 쏘던 예라는 사람이 아홉 마리를 쏘아 떨어뜨리고 한 마리만 남겨 두었다고 합니다. 그 남은 한 마리가 세 발 까마귀랍니다. 그리고 두꺼비는 서왕모의 불사약을 훔쳐 먹은 항아(달 속의 선녀)가 달로 도망쳐 변신한 것이라고 합니다.

집안 지역의 고분 벽화에는 윗부분은 사람이고 아랫부분은 용인 해신과 달신이 머리 위에 해와 달을 받쳐든 모습이 그려져 있는데 이들 신의 모양은 중국에서 따온 것이지만 그 내용은 고구려의 전통적인 해신과 달신 신앙이라고 할 수 있습니다. 왜냐 하면 고구려의 시조 주몽의 아버지 해모수가 해신에 비유되고, 어머니인 유화 부인이 달신에 비유되기 때문입니다. 이것은 고려시대 때 이승휴가 쓴 《제왕운기》에 고구려의 시조인 동명왕 주몽에 대한 기록을 보면 자세히 알 수 있습니다. 이에 따르면 주몽의 아버지 해모수는 자신을 천제의 아들이라고 하면서 다섯 마리의 용이 끄는 수레를 타고 하늘과 땅을 오르내리며 정사를 돌보았다고 합니다.

이렇게 하늘 세계의 모습만 그려진 것도 있고 선인·천인·상상 속의 동물들과 함께 그려져 있는 것도 있습니다. 덕흥리 고분의 전실 천장부에는 모두 60여 개의 별자리와 함께 선인·옥녀,

● 제왕운기(帝王韻紀)

고려 충렬왕 때의 학자 이승휴가 지은 역사책. 상·하 2권으로 되어 있으며, 상권에서는 중국의 역사를, 하권에서는 한국사를 다루었다. 진주부사 이원(李源)이 왕의 명에 따라 처음으로 간행하였는데, 1360년(공민왕 9) 경상안렴사 안극인이 경주에서 다시 간행했으며, 1417년(태종 17)에 경주에서 세 번째 간행하였다. 이 책에 실려 있는 단군에 관한 기록은 《삼국유사》의 기록과 함께 가장 오랜 역사적 자료이다.

날개 달린 천마와 비어, 몸은 하나에 머리는 둘인 청양, 짐 승의 머리에 새의 몸인 부귀 등 전설에 나오는 동물들로 가 득 채워져 있습니다. 또한 은하수를 사이에 두고 있는 견우 와 직녀의 모습도 보입니다. 이로 보아 고구려 때에 이미 견우와 직녀 설화가 널리 퍼져 있었음을 알 수 있습니다.

이밖에 하늘 세계는 불교의 극락정토로 상징되기도 하고 용이나 기린·학 등을 탄 선인들과 불로초와 각종 장수 동 물들이 보이는 것으로 보아 신선이 노니는 도교적 이상향 으로 그려지기도 했다는 것을 알 수 있습니다.

이런 그림들을 통해 고구려 귀족들이 죽은 뒤에 가고 싶어 하던 하늘 세계의 모습이 어떠했는가를 알 수 있습니다.

고구려인의 생활과 내세관이 드러나

고구려인들이 무덤에 벽화를 남겨 놓은 것은 죽어서도 살았 을 때와 똑같이 호화로운 생활을 하고 싶었기 때문일 것입 니다. 즉 고구려인들은 고분에 벽화를 남기면 죽은 다음에 도 살았을 때와 똑같이 영화를 누릴 수 있다고 믿었던 것입 니다.

고구려인들의 생활 모습과 내세관이 가장 잘 드러나 있는 안악 제3호분과 덕흥리 고분의 벽화에는 당시 고구려 귀족 들의 생활 모습이 생생하게 표현되어 있습니다. 두 무덤의 벽화 모두 그 내용이 잘 보존되어 있고 글씨까지 새겨져 있어서 언제 무덤을 만들었는지, 무덤의 주인공이 누구인지 알 수 있는 귀중한 자료가 되고 있습니다. 그러나 안악 제3호분의 주인공은 고구려의 왕(미천왕 또는 고국원왕)인지, 아니면 묘지명에 기록된 중국인 망명객 동수인지 아직 밝혀지지 않고 있습니다.

서기 357년에 만들어진 안악 제3호분은 여러 칸으로 이루어진 무덤으로 대귀족의 저택

고구려 의상을 입은 귀부인도
북한 황해남도 안악군에 남아 있는 벽화 고분의 그림.

안악 제3호분 주인공상
오른손에 도깨비 머리를 그린 털부채를 들고 위엄있는 자세를 취하고 있다.

안악 제3호분
고구려의 대표적인 고분으로 무덤의 내부가 마치 지상에 있는 대 건축물의 구조와 같이 조성되어 있다.

안악 제3호분 우물도
올린 머리를 한 두 여인이 우물가에서 일하는 모습.

안악 제3호분 마구간도
누렁말, 검정말, 흰말 등 세 마리의 말이 통나무 구유에 담긴
여물을 먹고 있는 모습.

을 본떠서 만들어졌습니다. 벽면에는 방앗간, 용두레 우물, 마구간, 외양간, 차고, 푸줏간, 부엌, 누각, 창고 등에서 많은 노비들이 일을 하며 주인의 시중을 들고 있는 모습이 매우 사실적으로 그려져 있습니다.

서기 408년에 만들어진 덕흥리 고분은 두 칸 무덤으로, 77세로 숨을 거둔 유주 자사 진의 무덤입니다. 이 전실의 천장부에는 '자손들은 더욱 부자가 되고 벼슬은 후왕에 이르게 하며, 후세까지 쇠고기·양고기·술·쌀밥·맛있는 반찬이 끊이지 않게 해 달라.'는 글씨가 쓰여 있습니다.

이 고분에는 연군 태수 등 6군 태수와 북평 태수 등 7군 태수의 모습이 그려져 있는데 '유주 자사인 주인공에게 인사하러 왔을 때', '주의 사업을 토의하러 왔을 때'라는 글씨와 벽화의 내용으로 보아 5세기 초 고구려 일반 귀족의 저택은 안채와 사랑채로 나뉘어져 있었음을 알 수 있습니다. 사랑채는 바깥주인이 손님을 맞이하거나 공무를 처리하는 장소였고, 안채는 놀이·휴식 및 사사로운 행사를 위한 생활 공간이었습니다.

두 고분 벽화에서 잘 드러나 있듯이 고구려의 귀족들은 편의 시설이 잘 갖추어진 넓은 처택에서 공사 업무를 보조할 시종과 노비를 많이 거느리고 있었습니다. 이들은 사냥과 놀이로 무예를 닦고 정복 전쟁에도 나가 용감하게 싸웠으며 각종 연회를 열어 여유로운 생활을 즐기기도 했습니다.

귀족들이 밖에 나갈 때는 의장대와 취주악대가 앞장 섰고 좌우로는 호위 병사가 호위를 하였으며, 부인들이 사찰에 예불을 드리러 갈 때는 승려들의 안내와 남녀 노비들의 시중을 받았음을 알 수 있습니다.

안악 제3호분 부엌, 푸줏간, 차고도
세 명의 여인이 부엌일을 하는 모습(왼쪽), 큰 갈고리에 네 마리의 짐승을 통째로 꿰어 매달은 모습(중앙), 수레의 모습(오른쪽).

안악 제3호분 방앗간도
디딜방아를 찧는 모습과 키질을 하는 모습으로, 고구려의 생활 풍습과 여인들 몸단장의 일면을 엿볼 수 있다.

인물도 지역에 따라 다르게 나타나

벽화 속의 인물들은 시대에 따라 조금씩 다른 모습을 보여
줍니다.

생활풍속도가 크게 유행하던 5세기 전반까지는 신분과 계
급에 따라 사람의 크기와 복장이 다르게 나타나지만 생활
풍속 벽화가 서서히 쇠퇴하고 사신이 즐겨 그려지는 5세기
후반이 되면서 사람의 크기로 신분을 표현하는 경향이 많
이 약화됩니다. 이는 5세기 중엽을 고비로 신분·계급간의

덕흥리 고분 주인공상
덕흥리 고분의 주인공
유주 자사(幽州刺使) 진(鎭)의 초상

덕흥리 고분
고분의 벽면에 600여 자의 명문이 있어 주인공의 사망시기와
축조연대를 알 수 있으며 특히 고구려의
풍속을 알 수 있는 다양한
벽화가 있다.

권한과 의무를 명확히 하는 율령지배 체제가 확립되면서 고구려 사회가 안정되었기 때문입니다.

고분 벽화 속의 인물들은 지역에 따라서도 다르게 나타납니다. 평양 지역의 고분 벽화에 나타난 인물들은 소매와 통이 넓은 중국 계통의 복장을 하고 있고 안악 제3호분이나 덕흥리 고분 벽화에서는 얼굴이 넓고 둥글어 한·위·진 시대 고분 벽화에 그려진 중국 귀족들을 연상시킵니다. 이는 아마도 이 지역이 중국 문화의 영향을 많이 받았기 때문인 것으로 보입니다.

덕흥리 고분 13군 태수하례도 일부
13군 태수하례도의 일부로서 요동·낙랑·대방군 등 13군 태수들의 명문이 적혀 있어 고구려사 연구의 귀중한 자료이다.

이에 반해 집안 지역의 고분 벽화에 나타난 인물들은 거의
고구려 특유의 점무늬옷을 입고 있으며 여자들은 머리를
뒤로 간단히 묶은 모습이고 남자들은 새의 깃털이 꽂혀 있
거나 장식이 없는 절풍을 쓰고 있습니다. 이것으로 보아 집
안 지역에는 고구려의 소박한 문화가 잘 남아 있었음을 알
수 있습니다.

그런데 그 중 눈이 크고 코가 뾰족하여 고구려인이라고는
볼 수 없는 인물이 가끔 눈에 띄는데, 예를 들면 씨름무덤

각저총 씨름도
잠방이 차림의 장부 두 명이 씨름을 하고 있고 그 옆에 지팡이에 몸을 기대고 씨름 장면을 보고 있는
노인이 그려진 씨름 그림.

의 씨름도에 나오는 두 역사 중에 몸이 가려진 인물은 매부리코에 왕방울 눈입니다. 이는 고구려가 내륙 아시아 유목민들과 빈번하게 교류하였고 중앙아시아 지역과도 접촉하였다는 사실을 알 수 있게 해 줍니다.

정리해 보면, 고구려의 왕족이나 귀족들이 무덤에 벽화를 그린 것은 죽어서도 살았을 때와 똑같이 지배자로서의 호화로운 생활이 계속되기를 소망했기 때문이며, 이러한 고분 벽화는 고구려인의 생활을 이해할 수 있는 생생한 자료일 뿐 아니라, 당시의 광활한 만주 벌판을 호령하던 고구려인의 기상을 담고 있습니다. 또한 기술적 수준도 매우 높아 하나같이 고구려인의 창조력과 예술적 감각을 한눈에 알아볼 수 있는 걸작품들입니다.

서동과 선화 공주의
전설이 얽힌 미륵사지 석탑

서동과 선화 공주의 사랑 이야기

선화 공주님은
남몰래 시집 가서
밤이면 서동이와 노닐다가
궁궐로 돌아간다네.

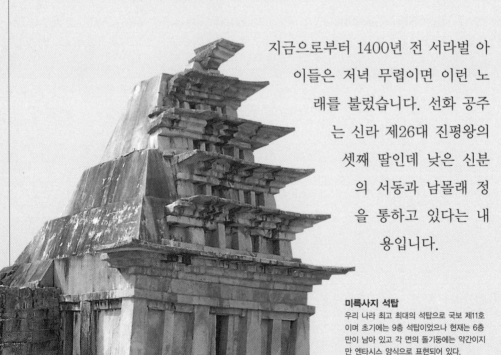

지금으로부터 1400년 전 서라벌 아이들은 저녁 무렵이면 이런 노래를 불렀습니다. 선화 공주는 신라 제26대 진평왕의 셋째 딸인데 낮은 신분의 서동과 남몰래 정을 통하고 있다는 내용입니다.

미륵사지 석탑
우리 나라 최고 최대의 석탑으로 국보 제11호이며 초기에는 9층 석탑이었으나 현재는 6층만이 남아 있고 각 면의 돌기둥에는 약간이지만 엔타시스 양식으로 표현되어 있다.

이 재미있는 서동설화는 일연 스님이
쓰신 《삼국유사》에 실려 있습니다. 《삼
국유사》에 따르면 서동의 어머니는 서
울 근교 남지란 연못가에서 홀로 살다
가 그 연못에 살고 있는 용과 정을 통하
여 아들을 낳았는데 그가 바로 서동이
라고 기록되어 있습니다.

● 서동요(薯童謠)

善花公主主隱
他密只嫁置古
薯童房乙
夜矣卯乙抱遺去如

신라 진평왕 때 지어진 4구체 향가로 〈삼국유사〉에 수록된
서동설화에 전한다. 서동이 백제 무왕이 아닌 백제 동성왕,
신라 원효, 백제 무령왕이라는 여러 주장이 있다.

옛날옛날에 서동은 산나물과 ‘마’라는 약초의 뿌리를 캐서
팔아 살아가고 있었습니다. 서동이란 이름도 마를 뜻하는
한자 ‘서(薯)’와 아이라는 뜻의 ‘동(童)’을 합한 것입니다.

서동은 비록 가난했지만 꿈이 있고 지혜로운 청년이었습니
다. 그는 신라의 선화 공주가 예쁘다는 소문을 듣고 공주와
결혼하기 위해 신라의 서울인 서라벌로 갔습니다.

서동은 먼저 맛있게 삶은 마를 아이들에게 나누어 주며, 자
기가 지은 노래(서동요)를 은밀히 가르쳐 주고 부르게 하였
습니다. 그러자 이 노래는 곧 온 서라벌 안에 쫙 퍼졌고 마
침내 궁궐에까지 들어가, 선화 공주의 아버지인 진평왕의
귀에까지 들어가게 되었습니다. 진평왕은 불같이 화를 냈
습니다. 몸가짐을 단정히 하여 모든 아가씨들에게 모범을
보여야 하는 공주가 남몰래 사랑을 속삭인다니, 화가 날 수
밖에요. 그러나 당사자인 선화 공주는 억울하기 짝이 없는
일이었습니다.

소문은 눈덩이처럼 부풀어올랐습니다. 결혼도 하지 않은 공주가 남자와 정을 통했다고 생각한 신하들은 공주를 내쫓으려고 하였습니다. 결국 진평왕도 신하들의 끈질긴 요구에 공주를 궁궐 밖으로 쫓아 낼 수밖에 없었습니다.

선화 공주의 어머니는 쫓겨나는 공주가 걱정되어 보따리 속에 약간의 비단과 순금 한 말을 싸서 주었습니다. 선화 공주는 그렇게 보따리 하나만 달랑 들고 궁궐에서 쫓겨났습니다.

공주는 어딘지도 모르는 길을 터벅터벅 걸어갔습니다. 처음으로 궁궐을 벗어나 보는 선화 공주로서는 무섭고 두려울 뿐이었습니다. 그 때 선화 공주의 뒤를 따르는 한 청년이 있었습니다. 그는 다름아닌 서동이었습니다. 서동은 얼마쯤 가다가 공주 앞으로 나아가 인사를 했습니다. 선화 공주는 갑자기 나타난 서동에게 놀라서 물었습니다.

"그대는 누구시오?"

서동은 솔직하게 대답했습니다.

"제가 바로 서동입니다."

선화 공주는 깜짝 놀라 다시 물었습니다.

"아니, 그대가 노래에 나오는 그 서동이란 말이오?"

"그렇습니다."

서동은 씩씩하게 대답했습니다.

공주는 자신도 모르게 서동의 그런 모습에 마음이 끌려 따라오는 것을 허락하고 말았습니다.

백제로 온 두 사람은 마침내 결혼을 하였고, 선화 공주는 첫날 밤 서동에게 어머니께서 주신 보따리를 풀어 보이며 말했습니다.

"이것은 황금입니다. 이것만 있으면 한평생 먹고 살 걱정은 없을 거예요."

서동은 황금을 들여다보며 놀랍다는 듯이 말했습니다.

"이런 것이라면 내가 마를 캐던 곳에 많이 있소."

서동은 선화 공주를 금이 있는 용화산으로 데려갔습니다. 공주는 금을 보고 잠시 생각에 잠겼다가 말했습니다.

"이것은 천하의 보배인데, 부모님이 계시는 궁궐로 보내면 어떨까요?"

선화 공주는 비록 궁궐에서 쫓겨나기는 했지만 아버지의 노여움을 풀어드리고 싶었습니다. 그리하여 선화 공주와 서동은 용화산 사자사라는 절에 있는 지명법사를 찾아가 산더미같이 많은 금을 진평왕에게 보낼 방법에 대해 의논 했습니다. 그러자 법사는 신통력을 부려 하룻밤 사이에 그 많은 금을 신라의 궁궐로 옮겨 놓았습니다.

수많은 금을 받은 진평왕은 서동의 슬기로움과 용기에 감탄하여 둘의 결혼을 정식으로 승낙했습니다.

진평왕의 사위가 된 서동은 백성들의 인심을 얻어 백제의 왕이 되었는데, 그가 바로 백제 제30대 왕인 무왕(600~641)입니다.

미륵사 창건과 미륵사지 석탑

어느 날 무왕과 왕비인 선화 공주는 불공을 드리러 사자사로 가고 있었습니다. 그런데 길을 가다가 용화산 아래의 큰 못에 이르렀을 때 갑자기 연못 속에서 세 분의 미륵 부처님이 나타나는 것이었습니다. 무왕과 왕비는 수레를 멈추고 부처님께 공손히 절을 드린 후 고개를 들었습니다. 그러나 이미 부처님은 사라지고 없었습니다.

왕비는 왕에게 말했습니다.

"부처님이 세 분이나 나타난 것은 우연이 아닙니다. 미륵 부처님이 나타나셨으니, 이 곳에 절을 짓게 해 주십시오."

미륵사 터
미륵사 터에는 지붕을 받치는 보조 기둥의 초석이 남아 있고 동북쪽 모서리에는 습기를 없애기 위한 통풍구 터가 확인되었다.

왕은 왕비의 소원을 들어 주었습니다. 그리고 이 일을 지명 법사에게 부탁하였는데 법사는 또 신통력을 부려 하룻밤 사이에 산과 연못을 평지로 만들었습니다.

🔵 미륵불

석가모니불의 뒤를 이어 56억 7천만 년 후에 세상에 나타나 석가모니불이 구제하지 못한 중생을 구제할 미래의 부처를 말한다. 지금은 윤회의 마지막 일생을 도솔천에서 설법하고 있다고 전해진다. 미륵은 자비·우정을 뜻하는 말로, 〈슈타니파다〉 경전에는 브라만 출신의 16수행인의 한 사람으로서 석가모니의 설법을 듣고 불교에 귀의하는 비구로 묘사되어 있다. 이후 미륵은 초기 경전들에서는 석가모니로부터 미래에 성불할 것이라는 예언을 듣는 모습으로 나타나며, 대승경전이 발달된 후에는 중생을 구제하는 미륵 보살의 모습으로 나타나고 있다.

무왕은 이 곳에 미륵 부처님 세 분을 모실 절을 세우고 미륵사라고 이름을 붙였습니다.

미륵사는 동서의 길이가 172미터, 남북의 길이가 148미터로 매우 컸다고 합니다. 무왕은 처음에 탑을 세 개 세웠는데, 지금 남아 있는 탑은 서탑이고 동쪽에 지금과 같은 탑이 하나 더 있었으며 두 탑 가운데에 나무로 만든 목탑이 있었다고 합니다. 그리고 각 탑의 북쪽에 금당(부처님을 모시는 집)을 한 개씩 세웠는데 한 쌍의 금당과 석탑에는 각각 회랑(담)을 둘러쳐서, 탑과 금당을 한 개의 절로 생각할 때 마치 3개의 절이 모여 있는 듯한 느낌을 주었답니다.

이렇게 금당과 탑과 담을 세 개씩 따로 지은 이유는 무왕 앞에 나타난 미륵 부처님이 세 분이었기 때문이며, 무왕은 이 곳에 미륵사를 지음으로써 모든 중생을 구제하려 했던 것입니다.

이 절이 지어질 당시는 고구려·백제·신라로 나뉘어져 있던 삼국시대였는데 백제 백성들은 고구려와 신라와의 싸움이 계속되자 지칠 대로 지쳐 있었고, 이 때 백성들을 위로

해 주고 살아 갈 희망을 심어 준 것이 바로 미륵신앙이었습니다. 미륵신앙이란 미륵 부처가 이 땅에 나타나 힘겹게 살아가는 백성들을 구제하고 평화로운 삶을 살게 해 줄 것이라는 믿음입니다. 무왕은 전쟁으로 지친 백성들에게 희망과 용기를 주고자 미륵사를 세웠던 것입니다.

지금은 당시의 웅장했던 미륵사의 모습을 찾아볼 수는 없지만, 국보 제11호인 미륵사지 석탑은 아직도 미륵사가 있었던 절터를 지키고 있습니다. 서탑은 원래의 모습이 많이 훼손되어 원형을 알 수 없지만 9층으로 쌓아올린 20미터에 가까운 큰 탑이었다고 합니다. 현재는 동북쪽만 그대로 남아 있는데 층수도 6층에 불과하고, 탑의 서남쪽 부분은 일제시대 때 일본인들이 흉하게 시멘트로 땜질을 해서 제대로 복원할 수도 없게 되었습니다. 다행히 동쪽의 동탑이 원형 그대로 복원되어 서탑과 마주보고 있어 보는 이의 마음을 달래 주고 있습니다.

우리 나라 최초의 석탑인 미륵사지 석탑은 석탑의 어머니라 할 만큼 동양 최대의 규모를 자랑하고 있는데, 돌로 쌓았지만 꼭 나무를 깎아 세운 것과 같은 모양을 하고 있는 게 특징입니다.

법주사 팔상전
목조 5층 건물로 국보 제55호이며 현재의 것은 1624년 (인조 2)에 벽암대사가 고쳐 지은 것이다.

불교가 우리 나라에 처음 들어왔을 때 탑과 금당이 세워지면서 석탑이 아닌 목탑이 많이 만들어졌는데, 조선시대에 건립된 법주사 팔상전이나 화순의 쌍봉사 대웅전 등이 지금까지 남아 있는 목탑입니다. 미륵사지 석탑은 이 같은 목탑에서 석탑으로 바뀌고 있는 모습을 잘 보여 주고 있습니다.

이렇게 석탑을 많이 만들 수 있었던 까닭은 우리 나라에는 아름다운 색을 가진 단단한 화강석이 많았기 때문입니다. 또한 돌을 다루는 기술도 뛰어나서 만들어진 석탑들이 모두 아름다운 것입니다.

그러나 훌륭한 석탑을 쌓을 수 있었던 가장 중요한 요소는 백제인의 뛰어난 장인정신이었을 것입니다.

신라의 황룡사 9층 탑이나 일본의 법륭사 5층 목탑이 모두 백제인의 손길이 닿은 탑이라고 합니다. 백제 사람들의 뛰어난 솜씨와 창조정신 덕분에 미륵사지 석탑 같은 훌륭한 문화유산이 우리 곁에 남아 있는 것입니다.

● 불교의 전래

우리 나라에 불교가 처음 전래된 것은 고구려 소수림왕 2년(372)으로, 중국 전진(前秦)의 왕 부견의 명으로 순도(順道)가 불경과 불상을 전한 이후이다. 그러다가 374년에는 중국 동진의 아도가 입국하였고, 그 다음 해에 성문사와 이불란사를 세워 순도와 아도에게 불법을 가르치도록 하였다. 백제는 384년(침류왕 1) 인도의 고승 마라난타가 동진으로부터 불교를 전래한 이후 마라난타를 궁 안에 머물게 하면서 이듬해 열 명을 출가시켜 승려로 만들었다. 신라는 527년(법흥왕 14)에 이차돈의 순교를 계기로 불교가 공인됨으로써 삼국에서 가장 늦게 불교가 공인되었다.

쌍봉사 대웅전
보물 163호로 1984년 화재로 소진되었다.

선화 공주가 미륵사를 지어달라고 한 이유

미륵사가 지어질 당시의 고구려·백제·신라의 정세를 살펴보면 서동과 선화 공주의 결혼은 또 다른 의미가 있다는 것을 알 수 있습니다. 당시 신라와 백제는 적대적인 관계였기 때문에 신라 공주인 선화와 백제의 무왕이 나라의 안정을 위하여 결혼했다고는 볼 수 없기 때문입니다.

서동이 왕이 되기 전, 백제는 계속되는 고구려의 공격에 견디지 못하고 수도를 한성에서 웅진(공주)으로 옮겼다가 성왕 때에는 다시 사비(부여)로 옮겼습니다. 국력을 다시 가다듬은 성왕은 신라와 손을 잡고 고구려에게 빼앗겼던 한강 유역의 6군을 되찾았습니다. 그러나 신라의 진흥왕은 성왕을 배신하고 한강 유역의 땅을 차지해 버렸습니다. 이에 화가 난 성왕은 554년에 친히 군대를 이끌고 신라를 공격하다가 그만 관산성에서 죽고 말았습니다.

이 때부터 백제와 신라는 동맹국에서 적대국으로 변하여 틈만 나면 서로 공격하였습니다. 서동요의 주인공인 백제 무왕과 신라 진평왕 때도 양국은 무수히 많은 전쟁을 벌였는데 무왕은 왕으로 있는 42년 동안 13차례나 신라를 공격했다고 합니다. 만약 신라가 서동의 장인의 나라로서, 또 많은 금까지 보낸 사이라면 있을 수 없는 일일 것입니다.

즉 무왕과 진평왕은 원수 사이였기 때문에 공격할 수 있었던 것입니다. 그리고 두 나라가 서로 싸운 것으로 보아 선화 공주 또한 신라의 공주가 아닌 것이 분명합니다.

그렇다면 선화 공주는 누구일까요?

서동설화에 따르면 무왕의 어린 시절은 가난했고 행복하지 못했습니다. 그러나 그는 제29대 임금인 법왕의 아들은 아니었지만 왕위를 이을 수 있는 가까운 왕족이었다고 합니다. 당시 백제는 부여에 살고 있는 귀족 세력들이 정치를 주도하고 있어서 왕권이 약했습니다. 실제로 그의 앞 임금인 법왕과 혜왕은 왕이 된 지 2년도 안 되어 죽었습니다. 귀족들과 임금 사이의 권력 싸움 때문에 죽은 것입니다. 그래서 무왕도 어린 시절 왕족의 신분임을 숨기고 마를 팔면서 살았던 것입니다.

불우한 어린 시절을 보내던 무왕이 국왕이 될 수 있었던 것은 바로 선화 공주와 결혼했기 때문입니다. 즉 선화 공주의 집안은 지금 미륵사가 있는 전라북도 익산 지역에서 상당한 힘과 재산을 가지고 있는 집안이었고 무왕은 이 세력의 도움으로 임금이 될 수 있었던 것입니다.

과거에는 국왕의 딸이 아닌 사람에게도 공주라는 칭호를 쓸 수 있었다고 합니다. 그러므로 선화 공주를 꼭 진평왕의 딸이라고 볼 수는 없다는 것입니다.

정리해 보면 무왕은 선화 공주의 집안에 감사의 마음을 전하고 다른 사람들에게 두 집안이 손잡았음을 알리기 위해 미륵사를 지은 것이며, 미륵사를 처음에 '왕이 흥하는 절'이란 뜻의 '왕흥사(王興寺)'라 부른 것도 그러한 까닭 때문이라는 것입니다.

선화 공주는 어떻게 진평왕의 딸이라고 되었을까?

그렇다면 익산에 살고 있던 선화 공주는 어떻게 진평왕의 딸이라고 알려졌을까요?

신화나 설화는 세월이 지나면서 많은 내용이 사라지기도 하고 덧붙여지기도 합니다. 서동설화 역시 마찬가지입니다. 즉 백제를 멸망시킨 신라는 선화 공주를 진평왕의 딸로

황룡사 복원 모형
황룡사는 신라 불교의 중심으로서, 또 나라를 수호하는 상징으로서 신라의 삼국통일과 왕도의 번영을 기원하였다. 645년 준공한 9층 목탑은 68미터의 거대한 크기로 공중에 우뚝 솟아 있다.

만들어 백제 유민의 마음을 달래려 했습니다. 그리하여 제일 먼저 신라와 백제 사이에 전쟁이 제일 많았던 진평왕과 무왕을 장인과 사위로 만들었습니다. 그리고 무왕이 신라의 도움을 받아 왕위에 오른 것처럼 꾸며서 백제의 중요 지역이었던 익산과 백제 유민의 마음을 달랬던 것입니다.

이 일이 있은 후 600년 뒤에 일연 스님은 이미 여러 차례 덧붙여진 서동설화를 《삼국유사》에 기록한 것입니다.

고려가 후삼국을 통일한 후 옛날 신라와 백제 지역에 많은 절을 세운 것도 이와 비슷한 예입니다. 고려는 고구려의 수도였던 서경에 9층 탑을 세우고, 신라의 수도 경주에 있는 황룡사 9층 목탑을 다시 손보았으며, 후백제군을 물리친 곳에 개태사를 세웠습니다. 고려도 역시 망한 나라의 유민들의 마음을 달래고 국가를 하나로 만들기 위해서 절을 세웠던 것입니다.

서동설화 역시 수백 년의 세월이 흐르면서 선화 공주가 진평왕의 딸이라는 내용으로 변화된 것입니다.

신라 금관의 주인은
제사장인 무당

세계적으로 유명한 신라 금관

금관
황남대총에서 출토된 이 금관은 신라 금관을 대표하는
매우 아름다운 금관이다.

금관은 옛날 선조들의 무덤에서 발견된
유물 중에서 가장 뛰어난 작품으로 신라
시대 고분인 금관총, 서봉총, 천마총, 황
남대총 등에서 발견되었는데, 그 중 쌍무
덤인 황남대총의 북쪽 무덤에서 출토된
금관은 특히 신비롭고 황홀하여 세계인의
감탄을 자아내고 있습니다.

황남대총에서 발굴된 금관은 이제껏 발견
된 금관 중 가장 크며 높이도 다른 금관보
다 높고 양 옆에는 아주 긴 수식이 달려
있습니다. 게다가 5세기나 6세기 초에 사
용된 이 금관은 천마총이나 금령총에서
발굴된 금관에서만 볼 수 있는, 4단의 곁
가지가 달린 우주수목 장식까지 있습니
다. 경주 고분에서 출토된 신라 금관 가운

데 가장 화려하고 섬세한 이 금관은 여왕이 사용하던 것이라고 합니다. 또 금관과 함께 출토된 은제 허리띠에는 부인대(夫人帶)라는 글씨가 새겨져 있어 주인이 여자인 것을 알 수 있습니다.

남자 무덤으로 여겨지는 남쪽 고분에서는 금동관 6개와 은관 1개가 발견되었는데 금동관은 구리에 금을 씌운 관으로 금관보다 한 단계 낮은 관이기 때문에 금동관만 출토된 것으로 보아 남자의 사회적 지위가 여자보다 낮았던 것임을 알 수 있습니다.

황남대총에서 출토된 이 금관은 경이로운 음악 소리를 내며 악을 물리치는 힘을 가지고 있는 보물이기도 합니다. 금관에는 이마를 두르는 관대에 금환이 돌아가며 달려 있는데, 금줄을 짧게 꼬아 붙인 수많은 금환들은 옛날 사람들이

황남대총
두 개의 봉우리가 이어진 쌍원분으로 남북으로 114m, 동서로 82m, 높이는 북쪽 고분이 22.6m, 남쪽 고분이 21.9m이다.

태양을 숭배했던 사실을 나타냅니다. 이 금환은 관대 위에 수직으로 서 있는 우주수목과 두 개의 사슴뿔 모양의 장식에도 붙어 있습니다.

이 금관에는 금환 말고도 곡옥 58개가 느슨하게 달려 있는데, 금관을 쓴 사람이 움직이면 옥과 금판으로 된 수백 개의 장식들이 반짝이며 아름다운 소리를 냅니다. 마치 소리에 맞춰 춤추는 듯 보이기도 합니다. 그리고 금관 양 가장자리에는 두 줄의 수식을 금줄로 엮어 내렸고 끝에는 잎사귀 모양의 장식을 달았는데, 이것들도 왕이 금관을 쓰고 움직일 때마다 춤추듯 흔들리며 음악 소리를 냈을 것입니다.

이렇게 신라 금관에는 작은 금환과 곡옥이 붙어 있어 이 금관을 쓰면 모든 사람들이 태양신을 만난 것처럼 우러러보았습니다. 신라 왕들은 이런 장신구에 둘러싸여 호화로운 생활을 했습니다. 그들이 호화로운 생활을 할 수 있었던 것은 신의 뜻을 전달하고 악귀를 쫓아 주는 능력이 있었기 때문입니다.

천마총
직경 47m, 높이 12.7m에 이르는 거대한 원형 무덤으로, 많은 유물이 출토되었다. 특히 흰 자작나무 껍질로 만든 말다래(천마도장니)에는 신라의 회화 중 유일하고도 가장 오래 되었다는 천마가 채색되어 그려져 있는데, 이런 이유로 천마총이라고 이름붙여졌다고 한다.

신라 금관의 주인은 누구?

신라 금관은 4세기~6세기경에 주로 쓰여졌는데 이 때는
신라에 불교가 들어오기 전이거나 들어왔어도 영향력이 약
했으며 무속신앙이 국가를 통치하던 시기이기도 합니다.

신라 땅에는 일찍이 외부 사람들이 들어와 토착민들을 누
르고 새로운 왕권을 세웠습니다.

우리 민족의 원뿌리를 찾으면 크게 둘로 나눌 수 있다고 합
니다. 하나는 만주 북부에 있던 부여에서 갈라져 나온 세력
인데 이들이 고구려와 백제를 건국했고, 또 하나는 옛 고조
선 지역에서 갈라져 나온 세력인데 이들이 바로 신라를 건
국했습니다.

일연 스님이 쓰신《삼국유사》에는 고구려의 시조인 주몽이
북부여의 왕 금와와 연관이 있다고 기록되어 있습니다. 또
김부식이 쓴《삼국사기》에는 백제의 시조 온조왕이 주몽의
아들이라고 기록되어 있습니다. 이것은 모두 고구려와 백
제가 부여에서 갈라져 나온 세력임을 뜻
합니다.

그러나 신라의 시조 혁거세는 알에서 나
와 여섯 부족의 족장들의 도움으로 왕이
되었고 그리하여 진한 12개국 가운데 경
주 평야에 자리잡은 사로국(斯盧國)의 군

> **● 진한 12국**
>
> 진한은 상고시대에 한반도 중남부에 있었던 삼한 가운데
> 하나로, 12개의 작은 나라로 구성되어 있다. 이들 12개
> 나라는 지금의 경상도 일대에 자리잡고 있었는데, 12개의
> 소국을 통틀어 진한이라 말한다. 한반도 북부에서 내려온
> 이주민이 그 곳에 오래 살던 토착민과 합하여 이룬 나라
> 로, 진한의 한 나라였던 사로가 커서 후에 신라로 발전하
> 였다.

장이 되었다고 합니다. 그러다가 점차 이웃의 여러 작은 나라들을 정복하면서 신라를 세웠습니다.

이후 신라의 왕은 혁거세를 비롯한 박씨계와 탈해의 석씨계, 그리고 알지(閼智)가 대표하는 김씨계가 왕이 되었습니다. 그 중에서 금(金)을 숭배하였던 김씨계가 가장 늦게 등장했습니다.

김씨의 김은 곧 금(金)을 뜻합니다. 이들은 금을 성으로 삼을 만큼 금을 숭배했습니다. 물론 옛 신라 지역에서만 금관이나 금동관이 출토된 것은 아니었지만 금을 성씨로 삼은 집단은 특이하게 신라 지배층밖에는 없었습니다.

신라 김씨의 시조는 김알지라는 사람입니다. 그에 관한 기록은 《삼국사기》에 잘 나와 있습니다.

옛날옛날에 어느 늦은 밤, 호공이 집으로 돌아가고 있었습니다. 월성(경주)의 서쪽 마을에 다다랐을 때 갑자기 닭 우는 소리가 들렸습니다.

'밤중에 닭이 울다니, 이상한 일도 다 있구나.'

호공은 발걸음을 멈추고 닭 우는 쪽을 바라보았습니다.

순간 호공은 깜짝 놀랐습니다. 마을에서 얼마 떨어지지 않은 시림 숲 속에서 한 가닥 자줏빛이 곧게 하늘로 뻗쳐 올랐기 때문입니다. 이 시림은 나무가 울창하여 대낮에도 어두컴컴한 곳이었습니다.

'이상한 일도 다 있군. 내가 늙어서 이젠 헛것이 보이나?'

호공은 눈을 비비고 다시 쳐다보았지만 마찬가지였습니다.
호공은 마치 귀신에 홀린 듯이 자신도 모르게 한 발짝 한
발짝 빛이 나오는 곳으로 다가갔습니다. 그 곳에 가까이 다
가선 그는 놀라서 그만 입이 벌어지고 말았습니다.
큰 나뭇가지에 눈부신 황금 상자 하나가 걸려 있었기 때문
입니다. 그리고 그 상자에서 기둥 같은 빛이 하늘로 뻗쳐
오르고 있었습니다.
한참 동안 그 광경을 보고 있던 호공은 생각했습니다.
'분명 나라에 좋은 일이 생길 징조야. 임금님께 빨리 알려
야지.'
늦은 밤이었지만 호공은 오던 길을 되돌아가서 궁궐로 달
려갔습니다. 밤 늦게 다시 찾아온 것을 이상하게 여긴 탈해
왕은 호공에게 물었습니다.
"무슨 급한 일이기에 이 밤중에 다시 왔소?"
호공은 자초지종을 자세하게 이야기했습니다.
호공의 이야기를 듣고 난 탈해왕은 곁에 있던 신하들에게
명령했습니다.
"지금 곧 외출할 차비를 하여라!"
탈해왕은 몇몇 신하들과 함께 수레를 타고 서둘러 그 곳으
로 향했습니다.
가는 도중에 왕이 호공에게 물었습니다.
"닭의 울음소리는 어떠했소?"

"평범한 닭 울음소리는 아니었습니다."

"닭은 어떻게 생겼소?"

"뻗어 나오는 빛 때문에 눈이 부셔서 자세히 보지 못했지만 하얀색이었습니다."

"오! 그렇다면 그건 닭이 아니라 봉황일 것이오. 허허, 나라에 경사가 있을 게 틀림없소."

탈해왕이 도착했을 때, 닭은 이미 어디론가 사라지고 황금 상자만 나뭇가지에 남아 있었습니다.

임금님은 신하를 시켜 황금 상자를 내린 후 조심스럽게 뚜껑을 열었습니다. 놀랍게도 상자 안에는 잘 생긴 사내아이가 있었습니다. 옆에서 보고 있던 신하들은 모두 깜짝 놀랐습니다. 그러나 임금님은 곧 얼굴에 기쁜 기색을 가득 채운 채 말했습니다.

"이 아이는 분명 하늘이 내려 주신 아이요. 어찌 감사히 받지 않을 수 있겠소."

그러면서 아이를 번쩍 들어서 품에 안았습니다.

그 당시 탈해왕은 늦도록 자식이 없어 늘 근심에 싸여 있었고 대를 이을 자식 하나만 얻게 해 달라고 계속 기도를 올리고 있었습니다. 그래서 탈해왕은 상자 속의 아이가 바로 기도를 듣고 하늘이 내려 주신 아이라고 생각했습니다.

신하들도 모두 입을 모아 말했습니다.

"이 나라에 왕자가 없음을 아시고, 하늘이 보내신 아이가 틀림없습니다."

탈해왕은 기쁜 마음으로 손수 아이를 안고 궁궐로 돌아왔습니다. 이 때가 서기 60년이었다고 합니다.

다음 날 탈해왕은 여러 신하들을 불러 놓고 말했습니다.

"늦도록 왕자가 없어서 걱정했는데 하늘이 나의 뜻을 아시고 아이를 주셨으니, 이 아이를 아들로 삼고자 하오."

신하들은 모두 기뻐하였습니다.

임금님은 다시 신하들에게 말했습니다.

"이 아이는 황금 상자에서 나왔으니 성을 김(金)이라 하고 이름을 알지라 할 것이오."

알지는 바로 '아이'라는 뜻입니다.

이렇게 하여 왕자가 된 김알지는 무럭무럭 자랐습니다. 훗날 신라 사람들은 시림이라 부르던 숲을 닭이 울고 간 숲이라 하여 '계림'이라고 고쳐 불렀습니다. 그리고 나라 이름도 서라벌에서 계림으로 바꾸었다고 합니다.

계림
느릅나무 숲으로 둘러싸여 있으며 신라 시조 김알지의 탄생 설화가 전해 내려오는 곳이다.

그러나 알지는 탈해왕이 죽은 후에도 임금님이 되지 못했습니다. 왜냐 하면 탈해왕이 끝내 아들을 얻지 못하고 죽자, 신하들은 3대 왕 유리의 둘째 아들 파사를 왕으로 삼았던 것입니다.

《삼국유사》에는 알지가 왕이 되지 못한 이유를 그가 양보했기 때문이라고 기록하고 있으나, 이는 아직 김씨가 왕이 되기에는 세력이 약했기 때문이라고 여겨집니다.

김씨는 왕이 되기에는 약했지만 상당한 세력을 갖고 있었습니다. 파사왕의 부인이 김씨인 것을 보아도 알 수 있습니다. 이는 김씨가 왕위를 결정하는 데 상당한 힘이 있었음을 말해 주고 있는 것입니다.

이렇게 왕족들과 계속 혼인을 해 오던 김씨는 마침내 제13대 미추왕대에 임금이 될 수 있었습니다. 《삼국사기》에는 이에 대해 '제12대 왕 첨해가 아들이 없어 나라 사람들이 미추를 왕으로 삼은 것'이라고 기록하고 있습니다. 이후 김씨는 계속 신라의 왕이 될 수 있었고 바로 이 김씨들이 그 유명한 신라 금관의 주인들입니다.

신라 금관에 숨은 비밀은?

신라 금관에서 가장 중요한 부분은 나무 모양의 장식인데 이 나무 모양의 장식에 바로 신라 금관의 비밀이 숨겨져 있습니다.

신라나 가야 지역에서 출토된 옛날 금관에는 모두 나무 모양의 장식이 붙어 있는데, 왜 옛날 사람들은 왕이 쓰는 금관에 나무 모양의 장식을 붙여 놓은 것일까요? 이는 금관의 주인들이 무속일을 하던 제사장, 즉 샤먼(무당)이었기 때문입니다.

이 장식에 쓰인 나무는 시베리아에서 많이 나는 흰 자작나무라고 합니다. 자작나무는 껍질이 하얗고 하늘로 곧게 뻗어 나기 때문에 옛날 사람들은 자작나무를 평범한 나무가 아니라 신비로운 힘을 가진 나무라고 믿었습니다. 땅에서 가장 높은 우주의 한 중심에 버티고 선 나무라고 생각했던 것입니다. 그래서 이 나무를 타고 하늘로 올라갈 수 있다고 믿어 우주수 또는 신수라고 불렸습니다.

천마총에서 출토된 천마도도 자작나무 껍질로 만들어졌는데, 이는 왕이 천마를 타고 우주수를 이용해 자신이 태어났던 천상 세계로 다시 돌아간다는 것을 의미합니다.

옛날 사람들은 이 나무에 올라갈 수 있는 사람은 오직 샤먼(무당)뿐이라고 믿었습니다. 무당만이 죽은 조상이 살고 있는 곳이나 하늘(천계)로 갈 수 있다고 믿었기 때문입니다. 지금도 시베리아 무당은 굿을 할 때 이 나무에 올라간다고 합니다. 이로 보아 신라의 샤먼 통치자였던 왕들도 실제로 나무에 올라갔을 거라고 추측되어집니다.

금관의 주인이 무당이었다는 사실은 옛날부터 불교가 널리 퍼져 있었다고 생각하는 우리 나라 사람들에게는 쉽게 이해가 되지 않는 부분입니다. 그러나 불교가 신라에서 공인된 것이 법흥왕 14년(527)이었고 공인되기 위해 이차돈의 순교가 필요했다는 사실을 생각하면 금관의 주인이 무당이었다는 사실도 쉽게 이해할 수 있을 것입니다. 불교가 공인되기 이전에 신라를 지배한 사상이 바로 샤머니즘이었기 때문입니다. 샤머니즘은 최치원이 말하는 현묘지도(玄妙之道), 즉 우리 고유의 풍류도였습니다.

금관에 붙어 있는 곡옥도 금관의 주인이 무당이었다는 사실을 이해하는 데 중요한 것입니다. 왜냐 하면 곡옥은 짐승의 발톱이나 이빨을 상징하는 것인데 이 짐승의 발톱이나 이빨은 적으로부터 자신을 보호하는 기능을 하기 때문입니다. 즉 신라 금관에 달린 58개의 곡옥은 악이나 불길한 것을 물리치고 그로부터 인간을 보호하는 신을 의미하는 것입니다.

자연의 법칙을 몰랐던 옛날 사람들은 갖가지 자연현상인 천둥, 번개, 일식, 월식 등을 무서워했습니다. 이러한 자연현상들은 사람의 힘으로는 도저히 이해할 수 없는 우주의 신비라고 생각했고 또 그 속에는 영혼의 힘이 있다고 믿어

금제과대 및 요패

과대는 가죽띠나 천으로 만든 띠에 쇠를 박아 넣어 만든 허리띠이다. 요패에는 금으로 만든 물고기 모형, 펀펀하거나 뾰족한 금장식, 곡옥 등을 늘어뜨린다.

왔기 때문입니다. 즉 이러한 자연 현상은 신비한 능력을 가진 샤먼만이 다스릴 수 있다고 믿었고 그러한 징표로 무당들은 허리띠에 각종 신기를 차기도 했습니다.

아름답기만 한 것으로 여겨졌던 신라 금관은 옛날 사람들이 어떤 신앙을 가지고 있었는가를 보여 주는 제사용 기구이기도 합니다.

신라는 불교가 공인된 법흥왕 때부터 비로소 왕이라는 칭호를 썼는데 그 이전까지는 거서간, 차차웅, 이사금, 마립간 등 신라의 전통적인 칭호를 썼습니다. 신라 금관은 바로 그 전통 신앙을 주재하던 통치자가 쓰던 금관이었습니다.

고구려·백제 유민의
원혼을 달래려고 만든 석굴암

두 부모님을 모신 대성

경상북도 경주시 진현동 토함산 동쪽에는 세계에 자랑할 만한 문화유산이 있습니다. 바로 국보 제24호인 석굴암입니다. 석굴암은 1995년 유네스코에서 세계 문화유산으로 지정되어 우리만이 아닌 세계인의 귀중한 문화유산이 되었습니다.

석굴암은 신라 경덕왕 15년(751)에 만들어진 절입니다. 당시는 신라에 불교가 가장 번성했던 때였고 삼국을 통일한 신라의 정치나 문화 등도 가장 활발히 움직일 때였습니다. 이런 여러 가지 요건들이 갖추어져 아름다움과 신비로움을 간직한 석굴암이 만들어졌던 것입니다.

일연 스님이 쓰신 《삼국유사》에는 석굴암이 만들어지게 된 이야기가 기록되어 있습니다.

🌑 유네스코

국제연합 전문기관의 하나. United Nations Educational, Scientific and Cultural Organization (국제 연합 교육·과학·문화 기구)의 머릿글자를 따서 유네스코(UNESCO)라고 하며 1945년에 런던에서 제정된 유네스코 헌장을 바탕으로 1946년에 설립되었다. 설립 목적은 각국의 교육·과학·문화의 보급과 교류를 통해 각 국민간의 이해와 인식을 깊게 하고, 국제 협력 관계를 증진함으로써 세계 평화를 이룩하려는 데 있다. 우리 나라는 1950년에 가입했고, 현재 정회원국으로 188개국, 준회원국으로 6개국이 가입되어 있다. 기구는 최고 의결기구인 총회와 58개 집행이사국이 참가하는 집행감독기구인 집행 위원회 및 집행 부서인 사무국으로 구성되며, 파리에 본부 사무국이 있고 세계 각처에 지역 사무소가 있다.

경주에서 서쪽으로 삼십여 리 떨어진 모량리라는 마을에 경조라는 여자가 아들과 함께 살고 있었습니다. 아이는 머리가 보통 사람보다 훨씬 크고 이마도 평평하여 마치 큰 성 같았습니다. 그래서 사람들은 '큰 성'이라는 뜻으로 '대성' 이라 불렀습니다.

대성은 집이 가난하여 끼니도 제대로 잇기 어려운 형편이었습니다. 그래서 대성의 어머니가 부자였던 복안이라는 사람의 집에 가서 품팔이를 하여 그날 그날 끼니를 이어갔습니다.

복안의 집에서는 열심히 일하는 대성의 어머니에게 조그만 밭 한 뙈기를 주었습니다. 대성의 어머니는 이 밭을 일구어 양식에 보태었습니다.

그러던 어느 날, 인격과 덕망이 높은 점개라는 스님이 복안의 집을 찾아왔습니다.

석굴암
경북 경주시 진현동 토함산 산정 동쪽에 있는 절로서 불국사의 부속 암자.
김대성이 전생의 부모를 위하여 세웠다고 한다.

"복안 시주님, 이번에 흥륜사에서 큰 법회를 열려고 합니다. 아무쪼록 시주해서 복을 쌓으십시오."

이 말을 들은 복안은 그 자리에서 베 50필을 스님에게 내주었습니다.

그러자 점개 스님이 복안을 축원해 주었습니다.

"시주님이 보시하기를 좋아하시니, 부처님이 항상 보호해 주실 것입니다. 부처님은 한 가지를 보시하면 만 배를 얻게 해 주시지요."

이 말을 들은 대성은 어머니에게 얼른 뛰어가 말했습니다.

"내가 문간에서 스님 말씀을 들었는데, 하나를 보시하면 만 배로 돌려받게 된대요. 생각해 보니 우리가 전생에 좋은 일을 하지 않아서 지금 이렇게 가난하게 사는 것 같아요. 지금이라도 보시해 두면 다음 세상에서는 부자가 될 것이니, 우리 밭을 보시하는 게 어떻겠어요?"

대성의 어머니는 좋은 생각이라며 그 밭을 점개 스님에게 바쳤습니다.

그 일이 있은 지 며칠 뒤에 김대성은 늙으신 홀어머니를 남겨 둔 채 갑자기 죽고 말았습니다.

그런데 대성이 죽던 바로 그 날 밤, 신라에서 재상 벼슬을 하고 있던 김문량이라는 사람의 집에서는 아주 이상한 일이 일어났습니다. 느닷없이 하늘에서 소리가 들려 오는 것이었습니다.

"모량리에 살던 김대성이란 아이가 이제 곧 너의 집에 다시 태어날 것이니라!"

어찌 된 일인지 알 수 없었던 김문량은 사람을 시켜 모량리 김대성의 집에 가 보도록 했습니다. 정말 김대성은 죽고 없었습니다.

그런데 며칠 뒤 김문량의 아내가 이렇게 말하는 것이었습니다.

"여보, 제가 아이를 가진 것 같아요."

김문량과 아내는 신기한 일에 가슴이 떨렸습니다. 그리고 꼭 열 달만에 김문량의 아내는 귀여운 사내아이를 낳았습니다.

"정말 잘 생긴 아이요."

아이를 본 김문량은 아주 기뻤습니다. 그런데 이상하게도 이 아이는 왼손을 꼭 쥐고 있어서 아무리 펴려 해도 펴지지 않았습니다.

태어난 지 7일째 되던 날 아이의 왼손이 펴졌는데, 손 안에는 '대성'이라고 쓴 금붙이가 쥐어져 있었습니다. 금붙이를 본 김문량은 무릎을 탁 쳤습니다. 하늘에서 말해 준 이름과 금붙이에 적힌 이름이 똑같았기 때문입니다.

"이 아이는 정말 모량리에서 살던 김대성이라는 사람이 다시 태어난 것인가 보오."

김문량은 아이의 이름을 대성이라 짓고, 모량리에 살고 있는 죽은 대성의 어머니를 모셔 와 한 식구처럼 오손도손 살았습니다. 대성은 무럭무럭 자랐습니다. 그리고 커 가면서 사냥하기를 무척 좋아했습니다.

어느 날 대성은 토함산에 갔다가 곰 한 마리를 사냥한 후, 그 날 밤 산 아래 마을에서 자게 되었는데 꿈에 곰이 귀신으로 변해 나타나 말하는 것이었습니다.

"네 이놈, 어째서 나를 죽였느냐? 내가 다시 태어나서 너를 잡아먹겠다!"

대성은 무서워서 두 손을 모아 싹싹 빌었습니다. 그러자 곰은 죄를 갚는 뜻에서 자기를 위해 절을 지어 달라고 했습니다. 꿈에서 깨어난 대성은 곰의 목소리를 잊을 수가 없었습니다.

불국사
경북 경주 토함산 기슭에 있는 사찰로 김대성이 죽을 때까지도 완공되지 못하여
나라에서 완공시켰다고 한다.

'그래, 곰을 위해서 절을 세우자.'

대성은 곰을 위해서 그 자리에 장수사라는 절을 세웠습니다. 그런 일을 겪은 후 대성의 마음 속에는 절을 지어 많은 사람들을 좋은 길로 인도해야겠다는 생각이 깊어 갔습니다. 그 후 여러 해에 걸쳐 온갖 고생을 다한 끝에 현재 모시고 있는 부모님을 위하여 불국사를 세우고 모량리에 살았던 어머니를 위해서 석불사(석굴암)를 세운 것입니다.

석불사를 지을 때는 큰 돌을 다듬어 감실 뚜껑을 만드는데, 돌이 갑자기 세 도막으로 갈라지는 일이 있었습니다. 대성은 안타까워하다가 얼핏 잠이 들었는데, 밤중에 천신이 내려와서 뚜껑을 만들어 주고 갔습니다. 대성이 이 사실을 알고는 급히 남쪽 고개에 올라가서 향을 피우고 천신에게 감사를 드렸는데, 그 고개를 향기로운 고개라는 뜻으로 '향령'이라 부른답니다.

토함산에 석굴암을 지은 이유

석굴암은 김대성이 완성했지만 불국사는 대성이 죽은 후 국가에서 공사를 마무리했습니다. 그래서 석굴암을 연구하는 학자들은 나라에서 불교의 힘을 빌어 왜구의 침입을 막기 위해 석굴암을 지었다고 보고 있습니다. 석굴암이 토함산에 지어졌고 동쪽 바다를 바라보고 있기 때문에 더욱 그렇게 생각하게 된 것입니다.

석굴암이 있는 토함산은 성스러운 산으로 신라에서 큰 제
사를 지내는 다섯 개의 산 중 하나인 동악이었습니다. 이
산은 석탈해 임금님과 문무대왕 이야기가 얽혀 있어 더욱
신비로운 산이 되었습니다.

신라 제4대 임금인 탈해 이사금은 동악, 즉 토함산의 산신
이었는데 어느 날 문무왕의 꿈에 나타나 자기 뼈로 신의 모
양을 만들어서 토함산 정상에 세워 달라고 했다는 것입니
다. 그래서 문무왕은 토함산 정상에 동악산사를 지은 후 탈
해 이사금의 뼈로 만든 신상을 봉안하고 대대로 임금들이
사당에 가서 나라의 태평을 위해 기도하도록 하였습니다.

문무왕도 죽은 후에 용이 되어서라도 왜구를 물리치겠다는

문무왕 수중릉
통일을 달성한 문무왕이 죽자 그 유명을 받들어 화장한 뒤 세계에
서 유례를 찾아보기 힘든 '해중릉'을 만들었는데 썰물 때는 육안으
로 바닷속의 대왕암을 확인할 수 있다.

뜻으로 동해 바다에 수중릉을 만들어달라고 유언했습니다. 그리하여 사람들은 문무왕을 토함산 밑 동해 입구에 있는 큰 바위에 장사 지냈는데, 그 바위를 대왕암이라 부른답니다.

그러나 김대성이 중시벼슬도 그만둔 채 석굴암과 불국사를 지은 진짜 이유는 삼국 통일을 위한 전쟁에서 희생된 고구려·백제 유민들의 원혼을 달래기 위해서였습니다.

삼국 통일 후 고구려·백제의 후예들은 신라 사회의 가장 하층부에 편입되어 차별과 소외를 받았는데 차별 대우에 견디다 못한 유민들은 통일된 지 1백 년이 지날 때까지도 반란을 일으키곤 했답니다. 그 때마다 신라군은 늙은이나 아녀자나 가리지 않고 잔혹하게 진압했다고 합니다.

나라의 중요한 직책을 맡고 있던 김대성은 고구려·백제 유민들이 어떻게 신라의 말발굽 아래 짓밟혔는지 생생하게 보았기 때문에 같은 신라인으로서 참회하는 마음으로, 또 그들의 영혼이 극락왕생하기를 바라는 마음으로 석굴암을 지은 것입니다. 이렇게 그는 참회의 도량인 두 사찰을 짓는 데 남은 여생을 바쳤습니다.

로마 판테온 신전의 돔 형식 지붕이 석굴암에 쓰여

석굴암은 화강암이라는 자연돌을 잘 다듬어서 쌓아올린 뒤 흙을 덮어 굴처럼 보이게 한 인공 사찰입니다. 인도나 중국

칼리 석굴
인도 최대 규모의 사당굴로서 내부폭 14m, 입구에서 안까지는 38m나 된다고 한다.

처럼 천연의 암벽을 뚫고 만든 석굴과는 다릅니다. 불교가 처음 시작되었을 때 인도인들은 천연 암굴에 사원을 만들었습니다. 일 년 내내 장마와 무더위, 온갖 독충과 독사에 시달리던 인도인에게 늘 서늘하고 일교차가 크지 않은 바위굴만큼 적당한 수행 장소는 없었습니다. 그리하여 암석을 파고 굴을 만든 다음 그 안에 불상을 모시는 석굴이 만들어진 것입니다.

석굴 사원이 인도에서 많이 만들어진 이유는 사원이 파괴되는 것을 막기 위해서였습니다. 그런 까닭에 인도에 처음 세워진 목조 사원과 벽돌로 된 사원들은 모두 불타 없어지고 전쟁으로 파괴되었으나 자연 바위를 뚫어 만든 칼리 석굴만은 2천 년이 지난 지금까지도 남아 있답니다.

용문 석굴
높이 17m의 마애대불이 있으며 당(唐) 고종과 측천무후의 발원에 의해 만들어졌다고 한다.

이후 석굴 사원을
만드는 붐은 힌두
쿠시 산맥과 파미
르 고원을 넘어 실
크로드를 따라 사
방으로 퍼져 나갔

습니다. 4세기 후반에는 중국에까지 전파되어 둔황 석굴,
용문 석굴 등이 만들어졌습니다.

인도나 중국에서 석굴 사원이 쉽게 많이 만들어질 수 있었
던 까닭은 바위들이 뚫기 쉬운 사암으로 되어 있기 때문입
니다. 그러나 우리 나라의 산은 대부분 단단한 화강암이기
때문에 쉽게 석굴을 만들 수 없었습니다. 그래서 우리 선조
들은 아쉬운 대로 천연 동굴에다 불상을 모시곤 했는데 7세
기 후반의 경북 군위 삼존석굴이나 경주 골굴암의 관음굴

군위 삼존석굴
국보 제109호로 경북 군위군 부계면 남산동에 있으며 1962년 새로이 조사되어 그 가치를 인정받아 제2의 석굴암이
라고 불려진다.

이 대표적인 예입니다. 그러다가 8세기 중엽 김대성에 의해
세계 석굴사원 사상 처음으로 인공 석굴이 만들어지게 된
것입니다.

그런데 그 시대에 어떻게 이처럼 완벽한 인공 석굴을 만들
수 있었을까요?

인공 석굴을 만드는 것은 지금의 과학으로도 무척 어려운
일이라고 합니다. 하지만 통일 신라시대의 첨성대와 에밀
레종을 만들 수 있었던 신라인들의 기초 과학이 석굴암을
만드는 밑거름이 되었고, 그 바탕 위에 예술적 감각이 뒷받
침되어서 아름다운 석굴암이 완성된 것입니다.

석굴암의 아름다움은 돔형 지붕 때문에 더욱 빛납니다. 돔
형 지붕은 하늘과 절대자를 동일시하는 사원 건축에 많이

타지마할 묘
타지마할이란 마할의 왕관이라는 뜻으로 1631년 무굴왕조 제5대 황제 샤자한이 36세로 세상을 떠난 왕비 무무타즈
마할을 위해 세운 것으로 건축의 소재는 모두 흰색 대리석이며 완성하는 데 22년이 걸렸다고 한다.

쓰이던 양식인데 로마의 판테온 신전에서 사용된 이후 비잔틴의 성 소피아 대사원, 중동 지역의 이슬람 사원, 인도의 타지마할 묘 등에 사용되었습니다. 그러므로 이 양식은 8세기 중엽까

● **판테온 신전**

이탈리아 로마에 있는 고대 로마의 원형 신전으로 로마 건축의 걸작 중의 하나이다. 기원전 27년에 아그리파가 처음 세웠으나, 벼락으로 인해 타 버리자 하드리아누스 황제가 120~125년에 재건한 것이 오늘날의 판테온이다. 7세기 초에 교황에게 소유권이 옮겨져 교회가 되었고, 오늘날에는 산타마리아 로톤다라 불린다. 라파엘로와 근대 이탈리아의 여러 왕이 이 곳에 묻혀 있다.

지 한반도에는 물론 중국이나 인도 등 동양권 어디에도 쓰인 적이 없었습니다.

그렇다면 어떻게 석굴암에서 돔 형식의 지붕이 사용되었을까요?

석굴암이 만들어지던 8세기 중엽, 당나라의 수도 장안은 세계 각처의 이방인들이 모이는 국제도시였고 중앙아시아와 아랍, 인도 등 전세계의 온갖 문물과 정보가 모이는 장소였기 때문에 바로 이

왕오천축국전 일부
1908년 프랑스의 동양학자에 의해 중국 둔황 석굴에서 발견되었다.

때 장안에 전파된 문물을 신라인들이 적극 수용했을 것이라고 추측하고 있습니다. 또 그 당시에는 신라의 많은 젊은 이들이 중국·서역·인도로 여행을 떠났는데, 7세기에만도 혜초 등 8명의 신라 승려들이 인도로 갔습니다. 《왕오천축국전》을 쓴 혜초는 인도를 거쳐 페르시아까지 갔었다고 합니다. 즉 페르시아에서 판테온 신전이 있는 로마까지는 가까운 거리였으므로 판테온 신전의 돔 지붕 형식을 신라인들이 받아들였으리라는 추측도 가능합니다.

스스로 습도를 조절하는 석굴암의 신비

석굴암의 가장 큰 신비는 스스로 습도를 조절하고 환기시킬 수 있는 능력이라고 합니다. 이 능력 때문에 석굴암은 천 년의 세월 동안 많은 눈과 비바람을 맞으면서도 망가지지 않은 채 그대로 보존되었던 것입니다. 이러한 석굴암의 신비한 능력은 과학이 발달한 지금까지도 여전히 풀 수 없는 수수께끼로 남아 있습니다.

우리 나라가 일본 사람들에게 지배를 당하고 있을 때 일본 사람들은 이 신비한 능력을 무척 궁금해했습니다. 그들은 석굴암을 뜯어 보았지만 끝내 비밀을 밝히지는 못했습니다. 결국 원래 대로 되돌려 놓는 과정에서 석굴암만 망가뜨려 놓고 말았습니다. 그들은 뜯어 낸 조각들이 잘 맞지 않자 시멘트로 대충 발라 버렸고 시멘트가 덕지덕지 발라진 석굴암은 그만 병이 나고 말았습니다. 그 때부터 석굴암은 스스로 습도를 조절하고 환기할 수 있는 신비한 능력을 잃게 되었고, 이 때 석굴 안에 있던 조각상들의 위치도 마구 뒤바뀌고 조각상도 몇 개 없어져 버렸습니다. 정말 안타까운 일입니다.

다행히 지금은 과학이 발달해서 기계를 사용해 일일이 습도를 조절해 주고 있어서 우리들은 여전히 석굴암의 아름다움을 구경할 수 있는 것입니다.

석굴암은 통일된 작은 우주

석굴암은 비록 인도나 중국의 석굴 사원에 비해 크기는 작지만 통일된 우주를 보여 줍니다.

인도나 중국의 석굴은 수많은 상들이 조각되어 있지만 모두 어지럽게 흩어져 있습니다. 하지만 석굴암 안에는 본존불을 비롯한 여러 제자상과 보살상 등 40구가 정교하게 조각되어 있습니다.

석굴암의 기본 구조는 긴 사각형 모양의 전실과 원형으로 된 석굴인 주실, 그리고 전실과 주실을 잇는 통로인 비도로 되어 있습니다.

전실은 사람들이 예배와 공양을 드렸던 곳인데 이 곳의 좌우 양쪽 벽에는 한쪽에 네 분씩 여덟 분의 팔부신중상이 나란히 서 있습니다.

비도로 향하는 벽에는 비도를 지키는 두 분의 금강역사가 입구를 지키고 있는데, 이들은 모두 고대 인도 신화에 나오는 신들이었으나 불교가 흥성하면서 불법을 수호하는

불국사 사천왕
우주의 사방을 지키는 수호신으로 동방 지국천, 서방 광목천, 남방 증장천, 북방 다문천 등 사천왕을 도상화한 것이다. 사진은 불국사 내에 있는 사천왕상이다.

신장 역할을 맡게 되었습니다.

비도는 석굴암의 허리 부분으로, 좌우 양쪽 벽에 두 쌍씩 네 분의 사천왕상이 조각되어 있습니다. 사천왕도 모두 고대 인도 신화에 등장하는 신들로, 수미산 중턱의 동서남북 네 하늘을 관장하는, 초능력을 가진 주인공들입니다. 동쪽 하늘은 지국천, 남쪽 하늘은 증장천, 서방은 광목천, 북방은 다문천이 담당해 오다가 뒷날 불법이 크게 일어나자 스스로 사찰의 수문장이 되었다고 합니다.

주실로 들어가는 입구 양옆에는 2개의 돌기둥이 있는데, 이것은 비도와 주실을 구분짓는 경계가 됩니다.

비도를 지나가면 원형으로 된 주실이 나오는데, 주실의 원형 주벽에는 모두 15개의 개성적인 조각상이 자리잡고 있습니다. 그들은 한결같이 주실의 중앙에 있는 본존불을 중심으로 독특한 빛을 내고 있는데, 특히 십일면관음보살은 부처님의 분신으로서 부처님의 가르침을 여성적인 덕성과 아름다움으로 나타내고 있습니다.

이처럼 주실은 태양인 부처님을 중심으로 제자들과 보살들이 행성처럼 주위에 빙 둘러져 있어서 마치 태양과 달, 38개의 행성들로 이루어진 천체 같은 느낌이 드는 곳이며 이 천체 속에서 본존불은 진리와 미의 태양이 되는 것입니다.

본존불 바로 뒤 중앙에 새겨진 십일면관음보살상은 중생

을 교화하기 위해 11개의 얼굴 모습을 갖고 있는 관세음상인데, 오른쪽 보살들은 성난 표정을 하고 있으나 왼쪽의 보살들은 엄숙하고 자비로운 표정을 짓고 있습니다. 이러한 보살상들의 표정은 동과 정이 어우러져 조화와 질서의 세계를 표현한 것이라고 합니다.

석굴암의 십일면관음은 원래 11면이었는데 일본인들이 2면을 꺼내 가서 현재는 9면만 남아 있다고 합니다.

십일면관음보살상을 중심으로 좌우에 각각 7구씩의 입상이 새겨져 있는데, 그 중 입구에 있는 것이 대범천과 제석천입니다. 대범천은 중생들이 살고 있는 사

십일면관음상
본존불의 뒤에 위치하며 머리 부분에는 원형의 후광이 표현되어 있다.

바세계를 다스리는 천왕이고 제석천은 사왕천 다음의 높은 곳에 위치하는 33천의 천왕입니다. 이 두 얼굴에는 거친 욕심이 모두 사라진 고요한 마음의 경지가 잘 표현되어 있습니다.

십일면관음보살상의 좌우에는 아난·가섭 등 부처님의 제자 열 분이 조각되어 있는데, 이 조각상들은 세계 불교 미술사상 극히 드문 대형 조각상으로 높이 평가받고 있습니다. 이들은 보살의 전 단계로 아라한이라고 부르는데, 인간 세상의 번뇌망상을 정복하여 인간으로서 완성된 경지에 도달한 사람들입니다. 이들은 모두 실제 인물이기 때문에 매우 인간적으로 그려져 있답니다.

십일면관음보살상 위쪽에는 10개의 감실이 있는데, 감실 안에는 여러 가지 보살상이 놓여져 있습니다. 이 보살들 중 경전을 들고 있는 이가 지혜의 화신인 문수보살이고 보잔을 들고 있는 이가 실천의 주인공인 보현보살입니다. 그러나 10개의 감실 중 현재는 8구의 보살상만 있고, 두 개의 감실은 안타깝게도 비어 있답니다. 이렇게 감실이 있어서 석굴은 더 깊은 인상을 풍기는데, 그것은 벽면의 입체감이 석굴의 신비로움을 더해 주고, 감실의 보살상 조각들은 한결같이 기쁨에 넘쳐 부처의 공덕을 찬양하는 모습을 하고 있기 때문입니다.

살아 있는 본존불과 만나는 감동

주실 한가운데의 연화 대좌 위에는 흡사 갈기를 펄럭이는 수사자처럼 우뚝 앉아 있는 본존불상이 있습니다.

본존불의 반쯤 뜬 눈과 온화한 눈썹, 금방이라도 입을 열어 설법할 것만 같은 자애로운 입과 우뚝 선 코, 길게 늘어진 귀 등 그 하나 하나가 어깨에서부터 오른쪽 옆구리로 자연스럽게 늘어진 옷자락과 함께 숭고함과 생명력을 느끼게 합니다. 또한 깨달음을 얻은 사람만이 볼 수 있다는 인자하고 부드러우면서도 함부로 할 수 없는 위엄을 간직하고 있습니다.

본존불은 근육과 뼈까지 자세하게 나타내는 당나라의 조각 기법이 아니라 부채꼴 모양의 주름이 발목까지 덮고 있는 인도 굽타시대 양식으로 표현되어 있는데 이런 기법은 통일 신라시대의 불상이 인도의 영향을 받았기 때문입니다.

이렇게 많은 승려들이 인도를 여행하면서 가져온 석굴 그림과 굽타시대의 조각들이 석굴암을 만드는 데 도움을 주었습니다.

석굴암은 역시 단 한 분 본존불인 부처님을 만날 수 있는 공간 조성이 목적이었으나 벽면을 비워 두지 않고 여러 보살과 신장·나한들로 채운 것은 오직 부처님의 장엄함을 나타내고 참배자의 영혼을 고양시키기 위해서였습니다.

지금은 볼 수 없지만 옛날 석굴암 위에는 빛이 들어오는 광창이 있어서 하루 종일 햇빛이 들어왔다고 합니다. 석굴암은 동이 트는 새벽의 첫번째 빛이 석굴암 입구와 그 위에 달린 광창을 통해 들어오도록 되어 있습니다. 그리하여 이 광창의 그림자가 본존불 이마의 수정 백호를 비추고, 다시 반사되어 윗단 벽감에 있는 두 보살상의 백호를 향한 후, 다시 한 번 굴절되어 본존불의 양어깨 너머 십일면관세음상의 이마에 닿도록 설계되었습니다. 보석에서 빛이 뿜어져 나오는 것은 10분 정도밖에 되지 않지만 이 순간 본존불은 마치 살아 있는 부처처럼 보인다고 합니다.

세상이 모두 잠든 새벽, 오직 도닦는 승려들만이 본존불 앞에서 예불을 드릴 때 보석에서 뿜어 나오는 빛은 극락의 세계에 와 있는 바로 그 느낌일 것입니다.

석굴암 본존불
석굴암의 내부에 있으며 그 주위를 열 명의 제자, 나한, 사천왕 등의 조각(부조)이 둘러싸고 있어 독특한 신앙의 아름다움을 풍긴다.

정효 공주 묘지석이 전하는 발해 이야기

◀ 정효 공주 묘비

신라가 삼국을 통일한 후 고구려의 유민들은 고구려의 옛 땅인 만주 지역에 발해라는 나라를 세웠습니다. 고구려의 후예인 대조영이 698년 동모산을 중심으로 성을 쌓고 진국을 세운 것입니다.

발해가 가장 번성했던 때는 제3대 왕인 문왕 때였습니다. 그는 57년 동안 왕위에 있으면서 아버지 무왕이 이룩한 업적을 바탕으로 문치 중심의 정치를 펼쳤습니다. 그러나 그의 업적에 대한 기록이 별로 남아 있지 않아서 잘 알 수가 없었습니다. 그러나 문왕의 넷째 딸인 정효공주의 무덤이 발견되면서 비로소 그의 업적이 세상에 알려지게 되었습니다.

정효 공주의 무덤은 해란강 지류인 복동하의 산줄기 사이에 있는 염곡에서 발견되었으나 안타깝게도 도굴꾼들이 다 파가서 중요한 유물은 남아 있지 않았습니다. 다행히 묘비와 벽화가 남아 있어 무덤의 주인공이 누구이며, 당시의 생활상이 어떠했는지 짐작할 수 있답니다.

이 무덤의 주인공은 문왕의 넷째 딸인 정효 공주입니다. 그녀는 서른여섯 살인 792년에 죽어서 이 곳에 매장되었다고 합니다. 무덤 안에는 벽화가 그려져 있어 발해인들의 생김새와 생활 모습을 생생하게 전해 주고 있습니다. 벽화에는 공주가 살아서 누렸던 화려한 삶이 그대로 옮겨져 있습니다. 발해인들은 살아 있을 때의 호화로웠던 공주의 삶이 죽은 후에도 계속되기를 바라는 뜻에서 벽화에 그림을 그렸던 것입니다.

이 무덤으로 인해 발해의 역사는 신비를 벗게 되었습니다. 묘지석의 내용으로 보아 발해의 초기 도읍지는 동모산이었음을 알 수 있었고, 불교 의식을 묘제에 도입한 것으로 보아 발해는 불교를 신봉하는 나라였습니다. 또한 대흥(大興)이라는 발해의 독자적인 연호가 쓰여 있는데, 이로 보아 발해는 당에 조공을 바치는 나라가 아니라 독자적인 천하관을 가진 제국이었던 것을 알 수 있습니다.

무덤의 주인공 정효 공주는 대제국의 공주로서 부왕의 사랑을 독차지했으며 용모도 아름다워 부러울 것이 없는 여인이었다고 합니다. 또한 지혜가 뛰어났고 품성이 바르던 그녀는 결혼해서도 남편의 사랑을 받고 행복하게 살았습니다. 그러나 사랑하는 남편이 먼저 세상을 떠나고 어린 딸마저 일찍 죽자 불행에 빠지고 말았습니다. 이후 그녀는 인생의 기쁨을 잃은 채 정절을 지키다가 서른여섯 살의 젊은 나이에 죽고 말았답니다.

그러나 묘지석에 따르면 그녀의 불행한 삶은 삼종을 지켰다며 사람들에게 칭찬을 받았다고 합니다. 이로 보아 발해는 공주에게도 정절을 요구했던 지극히 유교적인 사회였다는 것을 알 수 있습니다. 삼종이란 아녀자가 시집 가기 전에는 아버지를 따르고, 시집 가서는 남편을 따르며, 늙어서는 아들을 따르는 것을 말합니다. 대제국의 공주였으나 슬프게도 남편과 아이를 일찍 잃은 정효 공주는 정절을 지키기 위해 외로운 삶을 살다가 세상을 떠난 것입니다.

법주사 미륵불
충청북도 보은군 속리산 법주사에 있는
높이 33m의 세계 최대 청동미륵불이다.

고려시대

2부

개 · · · · · · 관

고려인들은 왜 은진미륵과 같은 커다란 불상을 만들었을까요?

〈통일신라시대에 만들어진 석굴암 본존불이 넉넉하고 균형
있는 아름다움을 갖추고 있는데 반해 고려시대 불상은
왜 크고 못생겼을까요?

당시에도 세계 최고의 예술품으로 칭송받던 고려청자

〈고려청자는 그 색의 아름다움 때문에 당시에도 세계적으로
유명했다는데 고려청자의 그 아름다운 색은 과연 어떻게 탄생
했을까요? 그리고 고려청자의 화려한 문화가 꽃피기까지
그 이면에는 어떤 고통과 아픔이 있었을까요?〉

고려가 남긴 대표적인 문화유산, 팔만대장경

〈고려의 불교적 전통을 집대성한 팔만대장경은 왜, 어떻게
만들어졌으며 해인사로 옮겨 보관하게 된 이유는 무엇
일까요? 또 700년간이나 대장경판을 완벽하게 보존한
장경각은 어떤 비밀을 간직하고 있을까요?〉

고려인들은 왜 은진미륵과 같은 커다란 불상을 만들었을까요?

고려 불상은 서민적 예술의 산물

우리 나라 문화재 가운데 세계에 자랑할 만한 문화유산을 꼽으라면 석굴암 본존불을 꼽는 사람이 많습니다. 그 까닭은 석굴암 본존불이 통일 신라가 가장 번영했던 시기에 만들어졌기 때문에 넉넉하고 균형 있는 아름다움을 갖추고 있어서일 것입니다. 반면에 고려시대에 만들어진 불상에

개태사 석불입상
보물 제129호로 화강석
으로 만든 삼존석불이다.

대해서는 크고 못생겼다고 생각하는 사람들이 많습니다.
왜 그렇게 생각하는 걸까요?

여기에는 고려시대만의 특별한 비밀이 있습니다.

불상을 커다랗게 만들기 시작한 것은 신라 말기인 9세기경
부터였으며 고려시대 때부터 전국적으로 널리 퍼지게 되었
습니다. 이는 아마도 부처님의 힘으로 세력을 키우려는 지
방 호족들의 바람이 커다란 불상을 만들게 한 것이라고 여
겨집니다.

이렇게 통일왕국 고려는 새롭고 왕성한 고려의 힘을 표현
하고자 불상을 크게 만들었습니다. 그래서 세련된 아름다
움을 추구하던 통일 신라시대의 불상들이 고려시대에는
한층 친근하고 서민적이면서도 커다란 불상으로 변한 것
입니다. 이 시기에 만들어진 불상 중 위풍당당하고 위압적
인 고려 왕실의 모습을 그대로 반영한 것이 바로 보물 219
호인 개태사의 석조삼존불입상입니다.

왕건이 개태사를 세운 이유

후삼국을 통일한 왕건이 제일 먼저 해야 할 일은 백성들의
마음을 달래는 것이었습니다. 그래서 왕건은 불교를 나라
의 종교로 삼아 백성들의 마음을 달래고자 하였습니다. 특
히 '훈요십조'에서 부처님의 법으로 삼국을 통일할 것을 강

조했듯이 왕건이 죽은 이후로도 많은 절이 지어졌고 연등회나 팔관회 같은 불교 행사가 전국적으로 자주 펼쳐지게 되었습니다.

왕건이 후삼국을 통일하면서 가장 힘들었던 일은 후백제 유민의 저항이었습니다. 그리하여 견훤이 이끄는 후백제 세력에게 몇 번의 죽을 고비를 넘기긴 했지만 결국 후백제의 신검 장군에게 항복을 받아 내고 삼국을 통일했습니다. 왕건은 이것을 하늘의 도움이라 여기고 황산의 이름을 천호산으로 바꾼 뒤 이 곳에 절을 지었는데, 이 절이 바로 개태사입니다.

충남 논산군에 있는 개태사는 936년부터 짓기 시작하여 4년만에 완성되었습니다. 이 절에는 왕건의 영전이 설치되어 있어 기일마다 제사를 지냈다고 합니다.

고려 왕실에서는 국가에 중요한 일이 있을 때마다 태조 왕

개태사
충남 논산의 천호산에 있는 절로서 936년 후백제와의 싸움에서 승리한 후 지어졌다.

건의 영전에 나아가 길흉을 점쳤고, 1362년 홍건적에게 시달리던 공민왕은 영전에 가서 강화도로 도읍을 옮길 것인가의 여부를 점치게 해 점괘가 좋지 않자 중지했던 일도 있었답니다.

왕건은 개태사를 지을 때 직접 발원문을 지었는데 이 글은 《보한집》 첫머리에 실려 있습니다.

보한집
고려 고종 때 최자가 엮은 시화집으로 3권 1책으로 되어 있다.

'…저 왕건은 하늘에 맹세하기를, 나쁜 무리를 물리쳐서 백성들이 마음놓고 농사짓고 길쌈하도록 하겠다고 약속했습니다. 위로는 부처님의 힘에 의지하고, 다음으로는 하늘과 신령의 위엄에 의지해 20여 년 동안 친히 싸움을 했습니다. 936년 9월에 숭선성 부근에서 백제의 군사와 대전하여 물리쳤습니다. … 도적과 나쁜 무리들이 잘못을 뉘우치고 마음이 새로워져 곧장 귀순해 올 것으로 생각하였습니다. …부처님의 은혜에 보답하고 산신령님의 도움을 갚기 위하여 특별히 불당을 창건하고 이름을 개태사라 하였습니다.'

'잘못을 뉘우치고 마음이 새로워져 곧장 귀순해 올 것으로 생각했다'는 구절에서 알 수 있듯이 왕건은 후백제 지역의 민심을 수습하기 위해서 개태사를 세웠던 것입니다.

개태사를 세울 때도 역시 불상을 만들었는데, 돌로 만든 이

삼존불입상은 굉장히 컸으며 조각은 마치 묘 옆에 서 있는 무인석처럼 뭉뚝하고 단순했으나 전체적인 인상은 왕건의 모습처럼 웅장했습니다.

어린아이 같은 돌을 업고 나온 은진미륵

나라가 안정되면서 지방에서는 커다란 불상이 만들어지기 시작했습니다. 가장 대표적인 불상이 은진미륵으로 알려진 관촉사의 석조미륵보살입상입니다. 은진미륵은 원래 관음보살인데, 모두들 미륵이라 부르는 이유는 새로운 세상에 찾아온다는 미륵을 간절히 원했기 때문이라고 합니다.

은진미륵에는 아주 재미있는 설화가 전해져 내려오고 있습니다.

고려 광종 19년(968)의 봄날이었습니다. 논산에서 동쪽으로 삼십여 리쯤 가면 사제촌이란 마을이 있는데, 어느 날 이 마을에 사는 한 노파가 반야산으로 나물을 뜯으러 갔다가 갓난아이의 울음소리를 듣게 되었습니다.

"이상하다, 이런 깊은 산 속에서 갓난아이의 울음소리가 들리다니……?"

노파는 미심쩍은 얼굴로 주위를 돌아보았습니다. 그랬더니 어린아이 같은 돌을 업은 큰 돌 하나가 땅 속에서 솟아오르는 것이었습니다.

"에그머니!"

깜짝 놀란 노파는 비명을 지르며 집으로 달려갔습니다. 노파에게 이야기를 전해들은 사위는 곧장 관가로 달려갔습니다.

"뭐라고? 어린아이 같은 돌을 업은 큰 돌이 땅 위로 솟아올랐다고?"

사위의 말을 들은 원님도 깜짝 놀랐습니다. 원님은 이 사실을 예사롭지 않다고 여기고 곧 조정에 알렸습니다.

관촉사 석조미륵보살입상
보물 제218호이며 높이 18.2m로 고려시대 최대의 석조보살상이나 평면적이고 사실적인 느낌을 주지는 못한다.

"땅 속에서 동자를 업은 큰 바위가 솟아 나왔단 말이지? 이 것은 틀림없이 불길한 징조다."

신하들로부터 말을 전해들은 광종 임금은 불길한 징조라고 여겼습니다. 그 무렵 광종은 왕권을 강화하려고 많은 사람들을 누명을 씌워 죽였기 때문에 은근히 마음이 편치 않았습니다. 그래서 곧 신하를 반야산으로 보내어 어린아이 같은 돌을 업은 큰 돌이 땅 속에서 솟은 이유가 무엇인지 알아 오게 했습니다.

반야산을 다녀온 신하가 왕에게 아뢰었습니다.

"이것은 그 바위에 부처님을 새겨 반야산 밑에 세우고, 슬픔에 잠긴 백성들을 위로하라는 뜻인 것 같습니다."

"오호, 그 말이 옳다. 그렇다면 솟아오른 바위를 깎아 부처님을 만들도록 하라."

임금님의 명령에 따라 각지에서 훌륭한 석수장이들이 백여 명이나 몰려들었습니다.

총지휘는 혜명 스님에게 맡겼습니다.

"그대의 소문은 일찍부터 듣고 있었소. 솜씨를 발휘하여 부처님께서 기뻐하실 불상을 만들도록 하시오."

임금님은 혜명 스님에게 간곡히 부탁했습니다.

혜명 스님은 석수장이들을 거느리고 반야산으로 떠났습니다. 우선 반야산에 올라가 땅 속에서 솟아오른 바위를 자세히 살펴보았습니다. 바위는 크고 넓었지만 생각만큼 높지는 않았습니다.

'이를 어쩐다……'

요리조리 궁리를 하던 혜명 스님은 한 가지 묘안을 떠올리고는 석수장이들을 불러모았습니다.

"지금부터 이 바위로 부처님의 아랫부분을 만들도록 하라. 윗부분은 다른 바위를 구해 만들어야겠다."

스님은 윗부분을 새길 바위를 찾아서 길을 떠났습니다. 다행히도 논산에서 멀지 않은 연산이란 곳에서 알맞은 바위를 찾아냈습니다. 스님은 인부들에게 그 바위를 반야산으로 옮기도록 했습니다.

혜명 스님은 웅대한 석불을 만들어 후세에 길이 남기겠다는 결심으로 밤낮을 가리지 않고 온갖 정성을 다했습니다.

"땅땅땅!!!"

돌 다듬는 소리가 반야산에 울려 퍼졌습니다. 드디어 높이 18미터, 둘레 9미터의 거대한 석불이 37년이라는 긴 세월이 걸려 완성되었습니다.

그러나 매끈하게 다듬어진 석불을 바라보며 혜명 스님은 근심에 잠겼습니다. 위와 아래로 나누어 만든 석불이 너무 크고 무거워서 아랫부분에다 윗부분을 올려놓기가 힘들었기 때문입니다. 혜명 스님은 여러 가지 방법을 생각해 보았으나, 좋은 생각이 떠오르지 않았습니다.

그러던 어느 날, 마을에 있는 냇가를 지나던 혜명 스님은 무엇인가를 발견하고는 걸음을 멈추었습니다. 손에 제법 큰 물건을 가지고 혜명 스님 쪽으로 걸어오는 아이들을 발견했기 때문입니다. 자세히 보니 손에 든 것은 찰흙으로 만든 미륵 부처님이었는데, 세 조각으로 나뉘어 있었습니다.

"여기가 좋겠다. 여기에 쌓자."

아이들은 혜명 스님이 서 있는 바로 앞에 와서 미륵쌓기 놀이를 시작했습니다.

한 아이가 모래를 펀펀하게 고르더니 미륵의 아랫부분을 놓았습니다. 그러자 다른 아이가 그 주위를 모래로 묻은 다음 가운데 부분을 올려놓고, 다시 주위를 모래로 묻은 다음 맨 윗부분을 올려놓았습니다. 그리고 나서는 주위에 묻었던 모래를 치우는 것이었습니다. 그러자 거기에 높은 미륵이 우뚝 섰습니다.

"바로 이거다!"

혜명 스님은 너무 기뻐 한달음에 반야산으로 돌아왔습니다. 그리고 돌부처의 아랫부분을 세우고, 주위에 흙을 쌓은 다음 부처님의 윗부분을 밀어 올리고 흙을 치우니 미륵불이 웅장하게 섰습니다.

거대한 석불을 완성시킨 혜명 스님은 사제촌 강변에서 만난 아이들에게 고맙다는 인사를 하려고 다시 한 번 그 곳에 가 보았습니다. 그러나 아이들은 어디로 갔는지 보이지 않았습니다.

"으음, 이것은 아마도 문수보살님의 도움이신가 보다. 문수보살이 어린아이로 변해 나에게 미륵 쌓는 법을 가르쳐 주셨구나."
혜명 스님은 머리를 숙여 부처님께 감사를 드렸다고 합니다.

거대 불상에는 각 지방의 특색이 담겨 있어

은진미륵은 매우 특이하게 생겼습니다. 두 개의 커다란 돌을 이어서 만든데다가 전체적으로 머리만 크고 몸집이 작아서 이상해 보입니다. 그리고 네모난 얼굴에 이마가 좁고 볼이 넓어 투박해 보이기도 하고, 눈은 길어서 옆에서도 보일 정도로 파였으며 코와 귀는 모두 크고, 꽉 다문 입은 얼굴이 굳어 보입니다. 그러나 전체적인 인상은 강하고 웅장한 기운을 느끼게 합니다.

머리 위에는 높은 원통형 관을 쓰고 있고 그 위에 사각형 보개를 올려놓았는데 원통형 관에는 원래 금동불입상이 있었으나 조선시대 말기에 잃어버렸다고 전하고 있습니다.

그러나 머리에 쓴 보관이 달라진 데는 다음과 같은 사연도 전해 내려오고 있습니다.

옛날에 북쪽 오랑캐들이 우리 나라를 쳐들어오고 있었습니다. 그러나 압록강을 건너려고 할 때 강의 깊이를 알 수가 없어서 모두 눈치만 보고 있었습니다.

이 때 반대편에서 한 스님이 삿갓을 쓴 채 옷을 무릎까지 걷어올리고 마치 얕은 냇물을 건너듯이 강을 건너오고 있었습니다.

"저 중이 건너오는 것을 보니 물이 깊지 않은 모양이구나. 주저하지 말고 모두 총진군하자!"

대장의 명령에 오랑캐 병사들은 강물로 겁 없이 뛰어들었습니다. 그러나 강물에 들어서는 순간 모두 물 속에 빠져 순식간에 수많은 군사들이 죽고 말았습니다.

오랑캐 대장은 화가 머리끝까지 났습니다.

"우리를 속인 중놈을 잡아 목을 쳐라!"

대장은 칼을 빼어 들고 스님의 뒤를 쫓아가 내리쳤습니다. 순간 스님은 간 곳이 없고 스님이 쓰고 있던 삿갓 한쪽 모서리만 떨어져 나갔습니다.

그 스님이 바로 은진미륵의 화신이었다고 하는데, 그 때 은진에 있던 미륵은 온몸에 땀을 흘리고 있었으며 손에 든 연꽃의 색깔도 희미해졌다고 합니다.

많은 사연을 간직하고 있는 은진미륵은 보물 217호인 대조사 미륵보살상이나 보물 508호인 예산 삽교보살입상과 비슷하게 생겼는데, 모두 돌기둥 같은 몸체에다 토속적인 얼굴을 하고 입체감이 거의 없이 조각되어 있습니다. 이는 충청도 지방 사람들이 돈과 힘을 모아 불상을 만들고 절을 짓기 시작하면서부터 지방색이 강하게 나타나게 된 것입니다.

대조사 석조미륵보살입상
보물 제217호로 높이가 10m에 이르나 신체의 비례가 잘 맞지 않고 조각의 표현이 미숙하다.

덕주사 마애불
보물 제406호로 높이가 13m나 되지만 비만한 얼굴 모습과 입체감이 거의 없는 몸통 등 고려시대의 거대한 마애불에서 흔히 볼 수 있는 엉성함이 나타나 있다.

거대하게 조각된 불상으로는 또 마애불이 있는데 커다란 자연 암벽에 불상을 얇게 새긴 것이 마애불입니다. 불상 전체를 새긴 것도 있고, 몸체만 새기고 머리 부분은 만들어 올린 것도 있습니다.

법주사 마애여래좌상이나 충주 월악산에 있는 덕주사 마애불은 전체를 새긴 것으로 높이가 13m나 된다고 합니다.

안동 이천동에 있는 마애불은 몸체를 두루뭉실하게 조각하고 머리만 따로 새겨 얹었습니다.

머리에는 낮은 보관과 천개를 올렸는데, 이것은 고려시대에 새겨진 석불의 특징입니다. 천개는 '하늘 가리개'로써 야외에 세워진 불상에 눈비가 닿지 않도록 모자처럼 씌운 것입니다.

거대한 돌 부처님은 철로 만든 부처님이나 청동으로 만든 부처님에 비해 특별한 기술 없이도 만들 수 있었습니다. 또한 자연 암벽에 새겼기 때문에 돈도 덜 들고 실내에만 놓여지는 철불이나 청동불에 비해 자연공간에 만들어져서 참배하고 싶은 사람은 누구나 갈 수 있는 장점도 있었습니다. 결국 고려시대에 만들어진 거대한 돌 부처님은 지역 사람들이 스스로 원해서 만들고 참배하였던 불상이었습니다.

이천동 마애불

고려시대 불상이 거대해진 이유

고려시대에 불상이 커진 이유는 무엇일까요?

이는 불교 신앙 자체가 변했기 때문입니다. 태봉의 궁예가 자신을 살아 있는 미륵불이라고 스스로 얘기했듯이 후삼국 시기에는 미륵신앙이 유행했습니다. 그래서 거대한 미륵불들이 만들어지기 시작한 것입니다.

불상들이 균형미와 조화미가 떨어지게 조각된 것도 모두 불교계의 변화와 관련이 있는데, 후삼국시대에는 신라 후기부터 기반을 다져 온 선종이 크게 유행하였습니다. 선종은 문자나 말로써 깨달음을 전하는 것이 아니라 마음으로 전하는 '불립문자', '이심전심'을 강조했습니다. 그래서 불상을 만드는 일을 중요하게 생각하지 않았고 자연히 조각 기술이나 예술성이 뒤떨어졌습니다.

> **⊙ 선종**
>
> 불교 종파의 하나. 좌선(坐禪)이나 내관(內觀)을 통해 정신을 집중하여 잡념을 없애고, 마음의 본성을 깨달아 해탈의 경지에 이르려는 종파이다. 인도에서 선의 실천은 있었으나 종파로 확립시키지 못하다가, 520년에 달마대사가 중국 양나라에 전하여 비로소 종파를 이루게 되었다.

그러다가 고려시대가 되면서 왕족을 중심으로 했던 불교가 지방 호족을 중심으로 백성들에게까지 널리 퍼지게 됩니다. 이 때부터 불교는 일부 귀족층의 종교에서 벗어나 천민에 이르기까지 폭넓게 퍼져 이들 모두가 불상을 만드는 데 참여하게 되

> **⊙ 법주사 미륵불**
>
> 충청북도 보은군 속리산 법주사에 있는 높이 33m의 세계 최대 청동 미륵불이다.

었습니다.

이러한 현상은 석탑을 보면 알 수 있습니다. 대체로 경주를 중심으로 옛 신라 지역에 옹기종기 모여 있었던 통일 신라의 석탑은 고려시대에는 전국적으로 널리 퍼지게 되었습니다. 왜냐 하면 고려시대에는 불교가 지방 호족에게까지 널리 퍼져서 지방의 힘있는 사람들이나 민중들이 석탑을 많이 만들었기 때문입니다. 고려시대에는 석탑이나 불상의 모양도 다양했는데 왕도를 중심으로 하는 일률적인 양식이 아니라 지방적 특색이 그대로 드러난 것입니다.

익산 왕궁리 5층 석탑
보물 제44호이며 높이 약 8.5m의 고려 초기의 탑으로
백제의 탑 형식에 신라의 탑 형식이 첨가되었다.

예를 들어 신라의 옛 지역인 경상도에서는 신라의 모양을 따라 석탑을 만들었으나 옛 백제의 중심지인 충청남도와 전라북도에서는 백제 모양을 따라 만들었습니다. 백제계 석탑인 익산 미륵사지 석탑이나 부여 정림사지 석탑을 본 떠서 만든 것으로는 부여의 무량사 오층 석탑과 익산의 왕궁리 오층 석탑이 있습니다.

이렇게 고려시대에는 다양한 지방의 사람들이 다양한 양식으로 불상을 만들었습니다.

다양한 불상들에는 잘 살기를 바라는 그 지방 사람들의 염원이 서려 있고 고려시대의 불상이 신라시대와 다르게 커진 것도 모두 고려 사회가 가지는 역사적 특수성 때문이었습니다.

무량사 5층 석탑
보물 제185호이며 높이 7.5m, 너비 5.2m의 정사각형 탑으로 우아하고 장중한 느낌을 준다.

고려가 남긴 대표적인 문화유산, 팔만대장경

부처님의 힘으로 몽고군을 물리치자

팔만대장경은 우리 나라의 대표적인 문화유산으로 고려시대의 불교를 집대성한 것입니다. 또한 고려시대에 새겨진 대장경 중 최고라고 할 수 있습니다.

고려시대에 처음으로 만들어진 대장경은 현종 2년(1011)에 시작하여 선종 4년(1089)에 완성된 초조대장경인데, 이 대장경은 불교의 힘을 빌어 거란족의 침입을 막으려는 뜻에서 중국 송나라의 관판대장경을 참조하여 만들었습니다.

초조대장경을 완성한 뒤에는 대각국사 의천이 여러 나라의 유명한 스님들이 쓴 글들을 모아 고려 선종 8년(1091)부터 숙종 대에 걸쳐 속장경을 만들었습니다.

대각국사 의천은 흥국사에 교장도감을 두고 경판을 새기기 시작했으며 이렇게 만들어진 속장경과 초조대장경은 모두 대구 부인사에 모셔졌습니다. 그

> ### 💮 거란족
>
> 선비족의 한 분파로 중국 랴오허[遼河] 상류인 시라무렌강 유역을 중심으로 주로 유목생활을 했다. 한때 고구려의 지배를 받다가 당나라 말기에 통일의 기운이 일어나면서 916년, 야율아보기(耶律阿保機)가 여러 부족을 통합하여 거란을 건국하였다. 이어서 물자가 풍부한 중원으로 진출하기 위해 926년 발해를 멸망시키고 화북의 연운(燕雲) 16주(州)를 얻었다. 그 후 국호를 요(遼)로 바꾼 다음 계속 남진하였으나, 960년 송이 건국되면서 대치하는 상태가 되었다. 건국 초기 고려와 비교적 우호적인 관계였으나, 거란이 발해를 멸망시키고 요동을 지배하면서부터 자주 마찰을 일으켰다. 그러다가 993년(성종 12) 이후 세 차례 고려를 침략했으나 모두 실패하였고 결국 1125년 금나라에 의해 멸망하였다.

러나 이 대장경들은 안타깝게도 고려 고종 19년(1232) 몽고군이 다시 침입했을 때 불타 없어지고 말았습니다. 하지만 속장경 중 일부가 1925년 최남선에 의해 발견되었고, 일부가 일본에 전수되어 그 우수함을 알려 주고 있답니다.

팔만대장경은 몽고군의 침입으로 초조대장경과 속장경이 불에 타 없어지면서 만들게 되었습니다. 그 당시 몽고는 대구 부인사까지 쳐들어와 대장경을 불태워 버렸고 이렇게 되자 강화로 피난해 있던 고려 왕실에서는

대각국사 의천
고려 제11대 왕 문종의 넷째 아들로 태어났지만 승려로 귀의하여 천태종의 시조가 되었다.

팔만대장경
해인사에 있는 고려시대의 대장경판으로 글자들이 고르고 정교하게 새겨져 있어 예술적 가치가 대단하며 국보 제32호이다.

대장경을 만들게 된 것입니다.

또 불교는 고려 백성들의 정신적인 지주였기 때문에 백성들을 단결시키고 부처님의 힘을 빌어 몽고 병사들을 쫓아내려는 뜻에서 대장경을 만들게 되었습니다. 이러한 우리 민족의 간절한 바램과 뜻은 1237년 이규보가 지은 《군신기고문》에 잘 나타나 있습니다.

고종 임금은 팔만대장경을 만들기 전에 부처님께 거대한 사업을 시작하겠다는 기고문을 올렸는데, 이 기고문을 이규보가 썼다고 합니다.

기고문에는 '몽고가 … 닥치는 대로 불상이고 불경이고 할 것 없이 모조리 불살라 버렸습니다. 부인사에 모셔져 있던 경판본 역시 하나도 남지 않았습니다. …이제 재상 및 문무백관과 함께 큰 원을 세워 경전을 새기기 시작하였나이다. …제불 성현과 삼십삼천은 이 간절한 기원을 들으시어 신통한 힘으로 나쁜 무리들이 멀리 달아나 다시는 이 강토를 짓밟지 못하게 하소서.' 라고 쓰여 있습니다. 즉, 부처님의 가르침을 받들어 국가와 민족을 지키려고 했던 것입니다.

가장 완벽하게 만든 팔만대장경

팔만대장경은 강화도에 대장도감을 두고 남해 연안에 분사 대장도감을 두어 경판을 새겼습니다. 분사도감 장소로서

진주 남해가 정해진 이유는 몽고의 발길이 닿지 않는 곳인
데다 가까운 거제도에서 경판 재료를 마음껏 구하여 바닷
가에서 제대로 제작할 수 있는 지리적인 이점 때문입니다.

대장경의 내용을 교정하고 새로이 편찬하는 책임은 개태사
의 수기 스님이 맡았는데, 수기 스님은 30여 명의 학승들을
거느리고 우리 나라의 초조대장경본과 송나라 대장경인 관
판대장경본 사이에 나온 거란대장경본을 자세히 비교하여
잘못된 곳을 바로 잡았습니다.

팔만대장경을 만드는 일은 손길이 많이 가는 어려운 작업
이었습니다.

제일 먼저 부처님의 말씀을 새겨 넣을 나무판을 준비해야

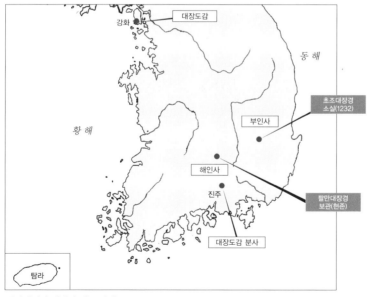

팔만대장경 판각지 및 보관장소

팔만대장경 첫째 판

했는데 여기에 쓰이는 나무판은 제주도 · 완도 및 거제도에
서 나오는 자작나무를 썼습니다. 우선 나무를 베어다가 바
닷물에 담가 두고 3년이 지난 다음 나무를 소금물에 삶아서
그늘에 완전히 말려야 했습니다. 그래야만 나무 재질이 단
단해져서 썩지 않고 오래도록 보존할 수 있기 때문입니다.
이렇게 나무판이 준비되면 다음에는 나무판에 부처님 말씀
을 구양순 필체로 정성껏 써 넣었습니다. 이 글씨는 누가 썼
는지, 또 몇 사람이 썼는지 알 수 없지만 글씨체가 처음부터
끝까지 마치 한 사람이 쓴 것처럼 웅장하며 단정하답니다.
새기는 작업은 주로 스님들이 했는데 경판에 알맞게 써 놓
은 글씨들을 한 자 한 자 돋을새김으로 새겼습니다. 칼을
조금만 잘못 움직여도 글자를 망쳐 나무판 하나를 다시 새
겨야 했답니다. 이렇게 나무판 하나에 들어가는 글자가
322개나 되었기 때문에 정성과 집중력이 없이는 할 수 없
는 작업이었습니다. 스님들은 법당에 들어가 부처님께 세
번 절하듯 한 글자 새길 때마다 반드시 세 번 큰절을 올렸
으며 새기는 글자 하나하나를 부처님 대하듯 했답니다.

새겨진 경판은 뒤틀리지 않도록 양끝에 각목으로 마구리를 붙이고 옻칠을 했습니다. 그리고 네 귀에 동판으로 장식하여 경판을 완성했습니다. 이렇게 정성들여 세심하게 제작했기 때문에 750여 년이 지난 오늘날까지도 썩거나 좀먹지 않고 온전히 보전되고 있는 것입니다.

팔만대장경을 새기는 작업은 고종 23년(1236)에 시작하여 고종 38년(1251)에 이르러서야 완성되었습니다. 모두 1,496종 6,568권에 달하는 방대한 규모였습니다. 판은 모두 81,137개이지만 우리는 그냥 팔만대장경으로 부르고 있는 것입니다.

대장경판의 한 구석에는 한 사람 또는 열 사람의 이름이 적혀 있는 것을 볼 수 있는데 이것은 팔만대장경을 만드는 데 필요한 비용을 시주한 사람들의 명단이라고 합니다. 이것으로 보아 팔만대장경을 만드는 일에 전 국민이 참여했음을 알 수 있습니다.

왜 팔만대장경을 해인사로 옮겼을까?

팔만대장경판은 처음에는 강화 서문 밖의 판당에 모셔져 있다가 얼마 안 되어 선원사로 옮겨졌습니다. 강화 선원사는 몽고와 싸우기 위해 세운 절로서, 송광사와 함께 고려의 2대 선찰로 손꼽히는 큰 절입니다.

그러다가 조선시대에 태조 이성계가 임금이 된 지 7년
(1398) 되었을 때 다시 서울의 지천사로 옮겨졌습니다.《태
조실록》7년 5월 10일 기록을 보면 '태조가 용산강으로 친
히 나아가 강화 선원사로부터 옮겨지는 대장경판을 지켜
보았다.'고 되어 있습니다. 그리고 다음 날 비가 오는 가운
데 2천 명의 군사들이 지천사로 옮겼다고 합니다.

지천사에 모셔 두었던 팔만대장경은 여름철이 지나자 곧바
로 해인사로 옮겨졌습니다. 추측컨대 대장경판을 옮기는
행렬 앞에는 향로를 든 동자와 함께 스님들이 독경을 하며
길을 열었을 것이고, 그 뒤를 따라 수많은 사람들이 소중하
게 포장한 부처님 말씀을 소달구지에 싣거나 지게에 지고
따라갔을 것입니다. 이 행렬은 서울 지천사에서 시작하여

송광사
전라남도 승주군 송광면 조계산에 있는 절로서
송광이란 말은 조계산의 옛 이름인 송광산에서 비롯되었으며
통도사, 해인사와 함께 한국 3대 사찰 중의 하나이다.

한강을 거쳐 충주까지 간 후 거기에서 육로로 경상도 용궁까지 옮겨졌다가 다시 낙동강을 따라 고령 장경포 포구에 이르러 합천 해인사까지 운반되었을 것이라고 추측되어집니다.

그러면 태조 이성계는 왜 대장경판을 합천 해인사로 옮겼을까요?

그 이유는 고려 말부터 극성을 부린 왜구 때문입니다. 고려 공민왕(1352~1374) 때에는 왜구가 115여 차례나 침입했고, 우왕(1375~1388) 때에는 378회나 노략질해서 바다 근처 지방은 텅 비어 쓸쓸했을 정도였다고 합니다. 일본과 거리가 멀었던 강화도도 왜구의 침략을 받기는 마찬가지였습니다.

왜구의 침략은 조선시대에도 계속되어 태조 2년에 11건, 3년에 15건, 4년에 4건, 5년에 14건, 6년에 15건이 기록되어 있습니다. 이런 상황에서 독실한 불교 신자였던 태조 이성계는 팔만대장경을 보다 안전한 곳에 보관하고 싶었습니다. 그래서 그 보관 장소로 가장 안전한 곳이 합천 해인사라고 생각했던 것입니다. 해인사는 내륙지방에 있었기 때문에 전란의 위험에도 비교적 안전해서 고려 때부터 역사서를 보관하던 사고(史庫)가 있던 곳입니다. 충목왕 3년(1347)에 충렬·충선·충숙왕 실록을 해인사에 보관하였고, 공민왕 11년에도 홍건적이 침입하자 개경 사관에 있던 역사서를 해인사로 옮기려고 한 적이 있었습니다.

해인사 창건에 얽힌 이야기

해인사는 신라 애장왕 3년(802)에 순응과 이정이 지었습니다. 순응은 중국으로 도를 닦으러 갔다가 몇 년 뒤 돌아와서 해인사를 짓기 시작했는데, 이 소식을 전해들은 성목태후가 불사를 도와 주었고, 순응이 죽자 이정이 그 뒤를 이어 완성했습니다. 이 절은 특히 고려 태조가 희랑 스님의 도움으로 후백제 견훤을 물리치자 국찰로 삼으면서 해동 제일의 절이 되었다고 합니다.

또 해인사를 짓게 되기까지에는 다음과 같은 재미있는 이야기도 전해 내려오고 있습니다.

옛날 가야산 깊은 골짜기에 팔십이 넘은 부부가 외롭게 살

해인사
경남 합천군의 가야산에 있는 사찰로 통도사, 송광사와 더불어 한국 3대 사찰 중 하나이다.

고 있었습니다. 산이 험해서 찾아오는 사람이 아무도 없었습니다. 노부부는 화전을 일구고 나무 열매를 따먹으면서 바람과 새소리를 벗삼아 살고 있었습니다.

그러던 어느 날, 아침을 먹고 산에 가려는데 어디서 나타났는지 털이 복슬복슬한 강아지 한 마리가 사립문 안으로 들어오는 것이었습니다. 일 년 내내 찾아오는 사람이 없는 산속에 갑자기 강아지가 나타나다니, 이상한 일이었습니다.

노부부는 마침 자식이 없었으므로 강아지를 친자식처럼 여기며 함께 살았습니다. 강아지는 노부부의 사랑을 흠뻑 받으며 무럭무럭 자라, 3년이 되었을 때는 커다란 개가 되었습니다. 그리고 강아지를 얻은 지 꼭 3년이 되는 날 아침, 놀라운 일이 벌어졌습니다. 강아지가 슬픈 표정으로 말을 하는 것이었습니다.

"할아버지, 할머니. 저는 원래 동해 용왕의 딸인데 죄를 지어 개의 모습으로 인간 세상에 오게 되었습니다. 다행히 두 분의 보살핌으로 무사히 죗값을 치르고 이제 다시 용궁으로 돌아가게 되었는데, 두 분의 은혜가 높고 깊으니 부모님으로 모실까 합니다."

노부부는 신기해하면서도 기쁨을 감추지 못했습니다.

"네가 우리 자식이 된다면 이보다 기쁜 일이 또 있겠느냐?"

"제가 용궁으로 돌아가서 용왕님께 두 분의 은혜를 말씀드리면, 용왕님은 두 분을 용궁으로 모실 것입니다. 그리고 극진히 대접하신 다음 원하는 것을 말하라 할 것입니다. 그때 아무리 좋은 것을 준다 해도 거절하시고 '해인'이라는 도장을 달라고 하십시오. 그 도장은 세 번 툭툭 치고 원하는 것을 말하면 무엇이든 나오는 신기한 보물입니다."

개는 말을 마치자 공중을 세 번 뛰어 어디론가 사라져 버렸습니다. 그런 일이 있고 얼마 안 있어, 용왕의 사자가 노인을 모시러 왔습니다. 노인은 꽃가마를 타고 바람처럼 달려 용궁으로 갔습니다. 아름다운 공주가 버선발로 뛰어나오며 노인을 반기고, 풍악이 울리자 용왕이 나와서 노인을 친절히 맞이하였습니다.

"먼길 오시느라 수고 많았습니다. 3년이나 제 딸을 잘 돌봐주셔서 감사합니다."

신기한 것들로 가득 찬 용궁에서 하루하루를 보내다 보니 어느덧 한 달이 지났습니다. 노인은 집에 있는 할머니가 걱정이 되어 돌아가기를 청했습니다. 그러자 용왕은 무엇이든 원하는 것을 줄 테니 소원을 말하라고 했습니다. 노인은 개가 시킨 대로 '해인'을 달라고 했습니다.

"허허, 해인은 용궁의 옥새로 매우 중요한 것이오. 허나 무엇이든 다 주겠다고 약속했으니 가져가시오."

용왕은 해인을 황금 보자기에 싸서 노인에게 주었습니다.

다음 날 노인은 용궁을 떠났습니다. 공주는 목이 메어 말을 못하고 이별을 슬퍼했습니다. 노인도 이별의 아픔으로 눈물을 흘리며 가야산 깊은 골짜기에 도착했습니다.

집에 도착한 노인은 아내에게 용궁에서 있었던 일들을 모두 설명해 주었습니다. 그리고 해인을 꺼내고는 말했습니다.

"용궁에서 먹었던 음식아, 나오너라!"

그랬더니 맛있는 음식이 상에 가득 차려졌습니다.

노부부는 기쁘고 신기했습니다. 해인에게 말만 하면 무엇이든 안 되는 것이 없었습니다. 노부부는 해인 덕분에 편안하게 오래오래 살 수 있었습니다.

세월이 흘러 죽을 날이 가까워지자 자식이 없었던 노부부는 절을 지어 해인을 이 절에 모셔 두었는데 이 절이 바로 해인사(海印寺)랍니다.

700년을 완벽하게 보존한 장경각의 비밀

팔만대장경은 해인사 대장경판전에 보관되어 있습니다. 국보 제52호로 지정된 이 건물은 60간짜리 165평씩의 건물 두 채가 나란히 남북으로 마주보고 있는데, 남쪽 건물은 수다라장, 북쪽 건물은 법보전이라 부릅니다. 이 건물은 경판

해인사 고려각판
해인사에 보관되어 있는 고려시대 목판으로 국보 제206호이다.

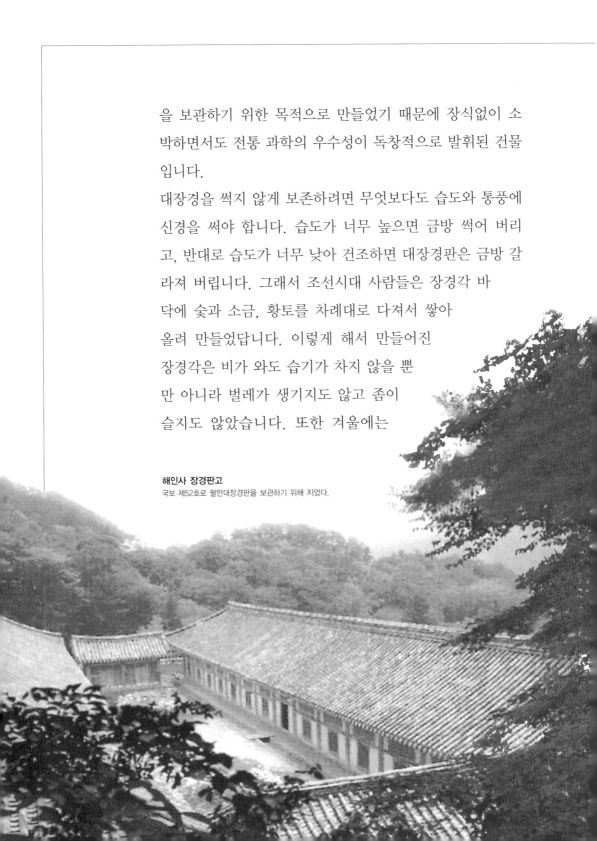

을 보관하기 위한 목적으로 만들었기 때문에 장식없이 소
박하면서도 전통 과학의 우수성이 독창적으로 발휘된 건물
입니다.

대장경을 썩지 않게 보존하려면 무엇보다도 습도와 통풍에
신경을 써야 합니다. 습도가 너무 높으면 금방 썩어 버리
고, 반대로 습도가 너무 낮아 건조하면 대장경판은 금방 갈
라져 버립니다. 그래서 조선시대 사람들은 장경각 바
닥에 숯과 소금, 황토를 차례대로 다져서 쌓아
올려 만들었답니다. 이렇게 해서 만들어진
장경각은 비가 와도 습기가 차지 않을 뿐
만 아니라 벌레가 생기지도 않고 좀이
슬지도 않았습니다. 또한 겨울에는

해인사 장경판고
국보 제52호로 팔만대장경판을 보관하기 위해 지었다.

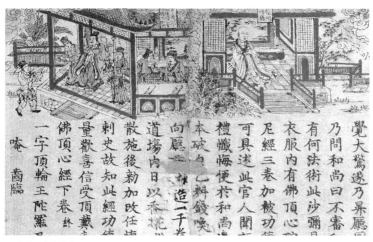

금강반야바라밀경
고려시대 목판본으로 보물 제696호이다.

스스로 적당한 온도를 유지하게 했고, 창문도 바둑판처럼
격자형으로 만들어서 자연적이고 과학적인 통풍이 이루어
지도록 했습니다. 하지만 해인사는 지어진 이래 수많은 화
재를 겪었습니다. 조선시대에는 무려 일곱 번이나 큰 불이
나서 그 때마다 힘들여 다시 지어야 했습니다. 그러나 다행
히도 장경각만은 한 번도 불탄 적이 없답니다.

팔만대장경이 위기를 맞은 것은 큰 불 때문만은 아니었습니
다. 임진왜란이 일어났을 때 팔만대장경은 곧 불타 버리거
나 없어질 운명에 빠졌습니다. 불과 보름만에 경상도 전역
의 주요 읍성이 왜군의 말발굽 아래 짓밟혔기 때문에 거창
이나 성주에서 한 발 옆인 합천 해인사까지 쳐들어와 팔만
대장경을 약탈해 가는 것은 너무도 쉬운 일이었습니다. 더

구나 일본은 조선 초기부터 팔만대장경본은 물론 경판까지
도 달라고 몇 차례 사신을 보낸 적이 있었습니다. 이렇게 그
들은 전쟁을 일으키고 조선의 우수한 문화재와 장인들을 우
선적으로 약탈하거나 파괴하는 데 혈안이 되어 있었습니다.
이 때 팔만대장경을 지켜 낸 것은 홍의장군 곽재우를 비롯
한 의병들과 승병들이었습니다. 곽재우 장군은 임진왜란이
일어나자 의병을 일으켜 신출귀몰한 유격전으로 왜군이 들
어오는 길을 막아 버렸습니다. 그러자 거창에서는 김면이,
합천에서는 정인홍이 의병을 일으켜 주요 읍성을 점령한
왜군을 막아 냈습니다.
서산대사의 제자인 소암대사도 전쟁이 일어나자 승병을 모
아 해인사를 지켰습니다. 성주를 점령한 왜군들이 해인사
까지 오자, 승병들을 이끌고 나아가 절 입구의 큰 산고개를
막아 버린 것입니다.
이렇게 해서 팔만대장경은 지금까지 해인사에 안전하게 보
전될 수 있었답니다.

무용지물이니 일본에 주어라

우리의 뛰어난 문화유산인 팔만대장경은 유교 국가였던 조
선에서는 좋은 대접을 받지 못했습니다. 반대로 당시 일본
은 불교를 숭상하여 정치적인 안정을 추구하고자 했습니다.

그래서 불교 경전을 가장 잘 집대
성했던 팔만대장경을 끊임없이 요
구한 것입니다. 이렇게 일본이 계
속해서 대장경을 요구하자 세종은
대장경판은 무용지물이니 일본에
게 주어 버리자고 했답니다.

세종 5년 12월, 일본의 사신들이
조선에 와서 대장경판을 달라고 요구한 적이 있었습니다.
일본 사신은 대장경판을 구하지 못하자 "우리들은 대장경
판을 구하기 위해 왔습니다. 올 때 국왕에게 경판을 얻지
못하면 돌아오지 않겠다고 하였나이다. 이제 얻지 못하고
돌아가면 죄를 받을 것이니 차라리 굶어 죽겠습니다."라고
말했다고 합니다.

이에 세종 임금님은 대장경판을 주자고 했으나 대신들이
일본이 원하는 것을 다 들어 주게 되면 계속 달라고 할 것
이므로 주어서는 안 된다고 했답니다. 그래서 결국 팔만대
장경 대신 밀교대장경판과 주화엄경판을 일본 사신에게 주
어 보냈다고 합니다.

이렇게 해서 팔만대장경은 그대로 해인사에 보관될 수 있
었지만 밀교대장경판과 주화엄경판은 유교를 숭상했던 세
종 임금에 의해 일본에 넘어가고 말았답니다.

당시에도 세계 최고의
예술품으로 칭송받던 고려청자

고려만의 비밀스러운 청자 빛깔

고려청자의 가장 큰 아름다움은 푸른색에 있습니다. 그러나 고려청자에는 푸른빛뿐만 아니라 그 이상의 색이 담겨 있습니다. 그래서 고려청자의 색깔에 반한 어느 일본인은 청자색을 찾으려고 우리 나라 방방곡곡을 돌아다녔으나 찾지 못하고, 그러다가 한 산사에서 잠을 자고 일어나 바라본 새벽 하늘이 바로 그 청자색인 것을 보고 감탄했다고 합니다.

고려청자의 푸른빛은 처음 구워졌을 때 완성되는 것이 아니라 오랜 세월을 두고 조금씩 바뀌어서 완성되는 것입니다. 이 빛깔은 중국의 도자기처럼 푸른색이면 푸른색, 남색이면 남색이 아니라 자연스러운 색감과 함께 세월과 환경에 따라 새롭게 만들어지기 때문에, 초기에는 청색에 가깝던 색이

고려청자
이 청자는 수주(水注)의 앞에 있는 물고기의 머리가 용처럼 보이는 까닭에 어룡이라고 불린다.

녹색으로 변하기도 하고 녹색이 또 다른 녹색이 되기도 한답니다.

고려인들은 청자의 색을 비취색을 뜻하는 '비색(翡色)'이라고 불렀습니다. 이는 중국인들이 '고려 비색(秘色)'이라고 표현한 데서 알 수 있듯이 고려만의 비밀스런 색이라는 뜻이 담겨 있습니다. 이렇게 고려인들은 청자의 색깔에 대해 특별한 자부심을 갖고 있었습니다.

중국 송나라 때 사람인 태평 노인은 《유중기》라는 책에서 송나라 귀족들이 꼽은 천하의 명품 28개를 실었는데 그 중 '고려 비색(秘色)'이 송나라 청자의 비색을 제치고 선정되기도 했습니다.

중국 건주(建州)의 차와 하(夏)나라의 검 등과 함께 선정된 '고려 비색'은 도자기의 본고장이었던 중국에서도 우수함을 인정받았던 것입니다.

고려 인종 임금님 때 송나라의 사신으로 고려에 왔던 서긍이라는 사람이 쓴 《고려도경》에도 고려청자의 아름다움을 자세히 설명하고 있는데, 그는 고려청자를 보고 "고려인들은 사기그릇의 푸른빛을 비색이라고 부른다. 최근에는 제작이 정교해지고 색깔이 더욱 아름다워졌다."라고 칭찬하였다고 합니다.

그 당시 송나라는 세계 도자기 문화의 중심지였고 도자기를 보는 안목도 뛰어났습니다. 그 뛰어난 안목으로 볼 때 우리 조상들의 청자가 바로 천하제일이라고 칭찬하며 부러워할 정도로 훌륭했던 것입니다.

중국에서 받아들인 청자 제작기술

고려청자는 원래 중국의 청자기법을 받아들여 전라도 해안에서부터 시작되었습니다. 전라도 지방은 중국 양자강과 가까워서 청자를 만드는 기술을 받아들이기에 지리적으로 유리했습니다. 우리 선조들은 중국에서 받아들인 자기기술을 곧 우리의 것으로 소화하여 독창적인 자기문화를 창조해 냈습니다. 그리하여 얼마 지나지 않아 중국의 청자보다 더 아름다운 청자를 만들어 낸 것입니다. 이는 우리 조상들의 뛰어난 응용력과 창조정신 때문에 가능했다고 볼 수 있습니다. 이러한 우리 조상들의 뛰어난 미의식과 창조정신은 조선시대에 들어와 분청사기와 백자로 이어지게 되었습니다.

고려청자가 있기 전 우리 나라에는 우수한 토기 제작기술이 있었습니다. 여기에 중국으로부터 자기를 만드는 기술이 전해지면서 고려청자가 만들어지기 시작한 것입니다.

청자를 만들려면 어려운 기술이 필요했습니다. 우선 흙을 잘 반죽해서 물레를 돌려 그릇 모양으로 빚어야 되는데, 그릇을 빚을 때는 두께를 고르게 해야 합니다. 그리고 다 빚은 그릇은 가마에 넣어 세지 않은 불에 초벌구이를 합니다. 그 다음 구운 그릇에 유약을 바르는데 그래야만 맨질맨질 하게 윤기가 나고 도자기에 물기가 스며들지 않기 때문입 니다.

유약 속에는 철분이 아주 조금 들어 있는데, 이것이 불에 닿으면 푸르게 변합니다. 청자는 이 유약 때문에 푸른빛이 나는 것입니다. 이렇게 철분이 들어 있는 유약을 입혀 1,250~1,300℃ 정도에서 구워 내면 도자기는 비취색과 비 슷해지면서 투명에 가까워집니다. 이것을 재벌구이라고 하 는데 이 때 중요한 것은 유약을 잘 섞어야 아름다운 청자를 만들 수 있다는 것입니다.

고려청자에는 수많은 잔금이 있는데 이것도 유약 때문에

청자 도요지
전남 강진군 대구면에 있는
고려청자 · 조선백자 가마터.

생긴 것입니다. 도자기에 유약을 바르고 처음 가마에 구우
면 그릇이 줄어들면서 잔금이 나타납니다. 그러다가 아주
센 불에 다시 구우면 잔금이 이내 사라집니다. 이 잔금은
도자기가 식으면서 다시 표면에 두루 생깁니다.

요즘 구워 낸 청자에는 이런 잔금이 없습니다. 왜냐 하면
요즘 도자기는 전통적인 방법이 아니라 기계적인 방법으로
만들어지기 때문입니다.

조상들의 탁월한 현실 응용력과 창조정신

청자음각연꽃당초무늬매병

우리 나라 청자의 발달은 전기와 중
기ㆍ후기로 구분할 수 있는데 전기
는 9~10세기로, 청자가 구워지기
시작하여 자기로 발전하는 때까지
의 시기입니다. 이 때는 통일신라 말
엽부터 만들어지기 시작한 청자에 음각
문양과 철화문이 새겨지는 등 서서히 고
려청자의 특징이 나타나는 때입니다.

고려청자는 12세기부터 13세기 전반까지
가장 많이 만들어졌는데, 12세기 전반에는
주로 순청자(純靑磁)가 만들어졌고 12세기
중반부터 13세기 전반에는 그 유명한 상

감(象嵌) 청자가 만들어졌습니다.

순청자에는 청자에 문양을 새기지 않고 구워 내는 소문(素文) 청자가 있는데, 이것은 청자가 만들어지기 시작하면서부터 없어질 때까지 가장 많이 만들어졌습니다. 순청자는 순수한 청자색만으로 아름다움을 나타내야 하는 어려움이 있었지만 결국 우리의 조상들은 이러한 점을 슬기롭게 극복하여 '비색'이라는 아름다운 비취색을 발명했습니다.

이 시기에는 소문청자 이외에도 동물이나 식물 모양대로 만드는 상형청자나 음각청자, 양각청자 등도 만들어졌습니다. 상형청자에는 참외, 표주박, 석류, 오리, 원숭이, 사자, 용 모양으로 만든 주전자, 향로, 병 등이 있는데 이 중에는 당시 사람들이 바라는 소원을 상징하는 것도 있었습니다. 특히 참외나 표주박, 석류는 많은 자식을 낳게 해 달라는 바람이 담겨져 있다고 합니다.

음각청자는 그릇 표면에 조각칼로 무늬를 새겨 넣은 청자이고, 양각청자는 무늬가 도드라지게 바탕을 깎아 낸 것입니다. 양각청자에는 때로 무늬틀을 이용해서 무늬를 찍어 낸 것도 있는데 이렇게 하면 한꺼번에 많은 양의 자기를 생산할 수 있습니다. 대표적인 양각청자로는 청자기와가 있습니다.

청자상감운학문매병
전형적인 고려시대의 상감청자로 구름과 학을 상
감 장식하였으나 유약의 처리는 우수하지 못하다.

청자상감운학문병

상감청자에는 우리 민족의 정신이 나타나 있다

푸른색이 고려청자를 명품으로 만들었지만 고려청자를 세계 최고로 만든 것은 우리 선조들이 독창적으로 개발한 상감기법이었습니다.

상감기법은 빚어 놓은 그릇 위에 칼로 그림이나 무늬를 파고 그 위에 자토나 백토를 물에 개어서 붓으로 메워 바른 다음 그릇 표면에 넘쳐 묻은 부분을 닦아 내면 그림이나 무늬를 파 놓았던 홈 안에만 자토나 백토가 메워지게 됩니다. 이것을 그대로 잘 구우면 흑백의 아름다운 무늬가 새겨지는 것입니다.

이러한 기술은 자개장에 자개를 박아 넣는 것과 같습니다.

고려시대에는 자개 칠기와 금속기의 표면에 무늬를 파내고 그 안에 금이나 은을 실처럼 만들어 끼워 넣는 입사공예가 발달했는데, 바로 이러한 방법을 응용한 것이 상감청자로 우리 조상들이 창조한 독특한 기법이랍니다.

고려청자의 맑고 푸른 색깔의 아름다움과 상감기법은 세계의 어느 것과도 비길 수 없는 고려청자만의 특색입니다.

우리 민족이 독창적으로 개발한 상감청자는 고려 제18대 의종 13년(1159) 때 만들어진 문공유의 무덤에서 처음으로 발견되었으며 곧이어 1197년에 죽은 명종의 능에서도 4점이 발견되었습니다. 그러나 우리 나라 문화재가 수없이 도굴 당한 것으로 보아 상감청자가 만들어진 시기를 정확하게 알 수는 없답니다.

그렇다면 이런 문화재들이 왜 무덤에서 많이 발견될까요? 우리 나라 사람들은 조상에게서 물려받은 몸은 절대로 훼손해서는 안 된다고 생각했기 때문에 죽은 사람의 시신을 화장하지 않고 무덤을 만들었습니다. 그리고 시신을 묻을 때 평소에 사용하던 많은 유물도 함께 묻었습니다. 이렇게 만들어

청자향로

진 무덤들이 고스란히 보존되어 온 것입니다. 또한 조상의 무덤을 파헤치면 자자손손 해를 입는다고 생각했답니다.

그러나 일본인들이 조선을 침략하면서 이 무덤들이 파헤쳐지기 시작했습니다. 죽은 사람의 몸을 화장하는 일본인들은 화장시키지 않은 무덤은 아무짝에도 쓸모 없는 흙두덩이라고 생각했기 때문에 아무런 죄책감도 느끼지 않고 무덤들을 파헤쳤습니다. 오히려 그들에게는 조선의 무덤이 보물상자로 보였을 것입니다.

명종의 능도 이미 두 차례 도굴된 흔적이 있었습니다. 이 능에서 발견된 4개의 상감청자도 다행히 도굴자들이 미처 발견하지 못하여 우리에게 남겨진 것입니다.

상감청자는 이후 12세기 중엽에 최고로 완숙해졌습니다. 상감청자가 높이 평가받는 것은 아름다운 색깔 때문만은 아닙니다. 그 위에 표현된 그림도 세계 최고의 수준을 자랑하고 있답니다.

국보 제116호 청자상감모란문표형 주전자는 활짝 핀 모란의 아름다움을 보여 주고 있으며 이 밖에 어린이들이 포도 넝쿨을 잡아당기며 노는 문양을 그린 청자상감진사채포도동자문 주전자도 유명합니다.

상감청자에 새겨진 문양 중 가장 많은 것은 갈대가 우거진 얕은 언덕에 버드나무가 몇 그

운학문문병

루 서 있고 물 위에는 오리가 떠 있는 한가로운 물가 풍경
을 표현한 것입니다. 그 밖에 청자빛 하늘에 구름과 학을
표현한 것과 들국화 무늬 등도 있답니다.

우리는 이러한 아름다운 문양에서 청자를 만드는 고려시대
장인들의 정신세계를 알 수 있고, 이런 청자들을 사용했던
귀족들이 어떻게 살았는지도 알 수 있게 됐습니다.

청자로 정자 지붕을 덮었던 호사스런 고려 귀족

청자는 고려시대 가운데 귀족정치가 전성기였던 시기에 만
들어졌습니다. 이를 결코 우연이라고만 할 수는 없습니다.
소수의 귀족들이 청자의 화려한 문화에 빠져 호화로운 생활
을 누릴 때 일반 백성들은 고통으로 신음해야 했습니다. 이
무렵은 인종 때 일어난 이자겸의 난으로 불타 버린 만월대를
재건하기 위해 큰 공사를 하고 있었고 벽골제를 만들었다가
무당의 말을 좇아 다시 무너뜨리기도 했습니다. 이로 인해
수많은 농민들은 집 없이 떠돌거나 도적이 되었습니다.

국왕과 귀족들의 호사스러운 생활은 의종(1146~1170) 때 최
고로 심했습니다. 의종은 곳곳에 별궁과 정대를 짓고 유흥
에 빠져 백성들의 생활은 돌보지 않았습니다. 그리고 문신
들만을 중시하고 무신들을 멸시하여 끝내 무신의 난이 발
생하게 만들었답니다.

《고려사》의종 11년 4월조에 '태평정을 짓고 주위에 아름다운 꽃과 나무를 심었으며 그 북쪽에 양이정을 지었는데, 지붕을 청자로 덮었다.'라는 기록이 있듯이 고려의 귀족들은 정자의 지붕을 청자로 덮을 정도로 호화로운 생활을 누렸던 것입니다.

그리고 같은 책에 '태평정을 짓기 위해 민가 50여 호를 헐었다.'라는 기록도 있습니다. 이렇게 고려 귀족들의 호화로운 생활은 일반 백성들의 피와 땀으로 이룩된 것이었습니다.

결국 의종이 왕이었던 12세기 중엽에 완성된 상감청자의 세련미는 일반 백성들의 고통 위에서 핀 문화의 꽃이었습니다.

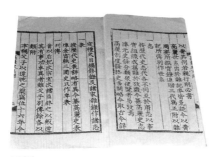

고려사
고려시대의 역사와 문화 등을 기전체로 정리한 책으로 1449년 세종 때 편찬하여 2년 뒤 완성되었다.

분청사기와 백자로 맥을 이어

고려청자는 무신이 집권하는 13세기 후반부터 쇠퇴하기 시작했습니다. 그리고 1231년, 몽고군의 침입을 받아 국력이 기울어지면서 청자에도 원나라 그릇 모양의 무늬가 나타나게 되었습니다. 또 청자의 모양이 둔해지고 유약의 색이 조금씩 어두워지면서 문양도 퇴보하였습니다. 여기다 중국 화북지방에서 사용되던 산화염이 들어오면서 청자의 색은 청록색에서 황록이나 황갈색으로 바뀌게 되었습니다. 환원염을 사용하면 유약 속의 철분이 청록색으로 변하지만, 산화염을 사용하여 구우면 처음부터 황색조가 되기 때문입니다.

14세기 후반, 고려 왕조가 끝날 무렵에는 왜구의 침입이 너무 심해져서 바다 근처 20킬로미터 안에는 사람이 살 수 없을 정도가 되었습니다. 그래서 전남 강진군과 전북 부안군에 있던 청자 가마는 내륙으로 이동하거나 문을 닫게 되었

분청사기철회초화문병

고 도공들도 뿔뿔이 흩어지고 말았답니다. 그 뒤로 분청사
기나 백자와 같은 새로운 도자기를 원하는 풍조가 생겨나
고려청자는 빛을 잃게 되었습니다.

분청사기는 이렇게 타락
한 고려 말의 청자에서 출
발하여 조선의 새로운 상
황에 맞게 변한 자기라고
할 수 있습니다. 그리하여
임진왜란 전까지 백자와

● 분청사기

청자와 같은 회색 또는 회흑색의 바탕흙 위에 백토로 표면을 분장하
고 그 위에 회청색의 유약을 바른 자기. 고려 말 이후 청자기 예술이
점점 쇠퇴하자 계룡사 주변에서 만들어지기 시작하였다. 제작 초기에
는 상감청자와 거의 구분하기 어려울 정도로 상감청자의 양식을 답
습하였다. 조선 초기까지 만들어졌으나 그 뒤로는 차차 사라졌다.

함께 조선을 대표하게 되었습니다.

7년간에 걸쳐 치러진 임진왜란은 우리 나라 도자기 문화를
쇠퇴하게 만들었습니다.

일본인들은 자기 나라에서는 상류층만 사용하던 귀중품을
조선에서는 일반 백성들도 사용하는 데 놀라 도공들을 많
이 납치해 갔습니다. 그리고는 조선의 가마터를 파괴했습
니다. 이후 조선의 가마터는 왕실에서 사용하는 용 문양의
항아리 하나 제대로 구워 내지 못할 정도로 쇠퇴하게 되었
습니다.

반면 임진왜란 때 조선 도공들을 끌고 간 일본은 도자기 문
화의 기반을 마련하게 되었습니다. 일본 규슈로 끌려간 조
선 도공들은 아리타자기라는 유명한 도자기를 만들어 일본
인들의 식생활과 차생활을 바꿔 놓았을 뿐만 아니라 1650

년 이후 약 1백 년간 유럽에 수
출되어 일본 도자기가 세계적
인 도자기가 되도록 만들었습
니다. 또한 아프리카의 희망봉
을 돌아 네덜란드의 수도 암스
테르담에 도착한 이 자기들은
유럽 각국의 궁정·교회·부호
들에게 날개 돋친 듯 팔려 나가
현재도 네덜란드 국립박물관,
영국의 대영박물관, 빅토리아
앨버트 박물관, 프랑스의 기메
박물관을 비롯한 유럽 여러 나
라의 왕실과 옛 성에 당시에 수
입한 도자기 수만 점이 남아 있
다고 합니다.

청화백자사슴무늬

청화백자호조문호

운주사 천불천탑의 비밀

전라남도 화순군 도암면 천불산 기슭에 자리잡고 있는 운주사는 천불천탑의 성지라 일컬어질 정도로 돌부처와 돌탑으로 유명합니다. 운주사에는 천 개의 돌부처님과 천 개의 탑이 있었다고 전해지는데, 임진왜란 때 크게 훼손되어 지금은 석탑 20여 기, 석불 100여 구만이 남아 있을 뿐입니다.

운주사는 수많은 석불과 석탑의 배치 양식이 삼국시대나 고려시대 이후의 일반적인 절의 형태와도 달라 그야말로 비밀에 싸인 유적으로 알려져 있습니다. 그래서인지 석불과 석탑의 모습도 각양각색이랍니다.

운주사의 천불천탑은 신라 말의 고승이자 풍수지리가로 유명했던 도선국사가 세웠다고 전해지고 있습니다. 도선국사는 중국 유학에서 돌아온 후 새 나라를 세우기로 하고 서울을 운주사로 정하려 했답니다. 새 나라를 건설하려면 하룻밤 사이에 천 개의 돌부처님과 천 개의 탑을 세워야만 했습니다. 도선국사는 부지런히 999개의

▲ 운주사의 석불상들

탑을 만들고 마지막으로 한 개의 부처님까지 만들었습니다. 이제 불상만 세우면 혁명이 성공하고 새 나라가 건설되는 것입니다. 그런데 바로 그 때 옆에서 모시던 상좌가 날이 밝았다고 소리치는 바람에 마지막 와불을 세우지 못하여 실패하고 말았다고 합니다.

이 설화는 사실처럼 보이기도 합니다. 그러나 도선이 새 나라의 서울로 잡은 곳은 운주사가 아니라 개경이었으며, 왕건은 도선의 예언에 따라 고려를 건국하였기 때문에 이 설화는 사실이 아닙니다.

도선국사와 관련된 이 설화는 조선 후기에 만들어진 것입니다. 조선 후기 농민들은 지배층의 수탈과 자연재해로 인한 흉년, 외국의 침략 위협 등으로 불안한 생활을 하고 있었습니다. 그들은 누군가가 나타나 비참한 생활에서 벗어나 농민이 주인이 되는 새 나라를 건설해 주기를 간절히 바랐습니다. 그리고 이들의 바램을 실현시켜 줄 미륵불이 운주사의 와불이라고 믿었습니다. 이런 믿음이 설화가 되어 지금까지 전해지고 있는 것입니다.

운주사는 고려 때의 승려 혜명대사가 세운 절로 추측됩니다. 《동국여지지》에 고려 때의 승려 혜명(惠明)이 1천 명의 대중과 함께 천불천탑을 세웠다고 전해지고 있기 때문입니다. 혜명대사는 관촉사의 은진미륵을 세운 승려인데, 이로 보아 운주사의 불상과 석탑은 고려 중기에 만들어진 것입니다.

고려시대에는 연등회·팔관회 등의 불교행사가 자주 거행되었으며 많은 사찰이 지어졌습니다. 삼국시대 왕실과 귀족을 중심으로 시작되었던 불교는 고려시대에 이르면서 민간신앙으로 확고히 자리잡아 갔습니다. 이제 지방의 호족들이나 일반 민중들도 석불이나 석탑을 만드는 데 대거 참여하게 된 것입니다. 지금까지 고려때 만들어진 석불과 석탑이 전국적으로 남아 있는 것도 이런 이유 때문입니다.

▼ 운주사 전경

경회루
국보 제224호로 근정전 서북쪽에 있는 연못 안에 있으며 임금과 신하가 모여 잔치를 하거나 사신을 접대하던 곳이었다.

조선시대

3부

개 · · · · · 관

조선시대 여성의 희생을 보여 주는 열녀문과 은장도

〈한 번 시집 간 여자는 죽어서도 시집 귀신이 되어야 한다는
말이 있는데 우리 나라는 언제부터 열녀들을 떠받들게 되었고
그 의미는 어떻게 변화되어 왔을까요? 그리고 은장도는 언제부터
몸에 지니고 다녔으며 그것이 상징하는 의미는 무엇일까요?〉

조선 왕조의 영광과 굴욕을 한눈에 보여 주는 경복궁

〈조선 왕조를 세운 이성계가 한양으로 천도한 이유는 무엇일까요?
조선 왕조의 권위와 위엄의 상징이었던 경복궁에 담긴 영욕의
역사는 과연 어떠했으며, 후손들에게 어떤 교훈을 주고 있나요?〉

격동의 근대사가 담겨 있는 운현궁

〈운현궁이라 불려지게 된 것은 언제부터
이며 어떻게 조선 왕조 말기 정치의 중심
부가 될 수 있었을까요? 흥선대원군은 과연
어떤 사람이었을까요?〉

서원의 나라, 조선

〈학문을 연구하고 선현들을 모시기 위해 만든 사설 교육기관
이자 향촌 자치기구였던 서원이 조선 후기로 가면서 점차
변질되어진 과정과 그 원인은 무엇일까요?〉

자주독립 의지의 표상, 독립문

〈독립문이 세워지기까지의 과정은 어떠했으며,
왜 독립문을 세웠을까요? 그리고 당시 우리 나라는
어떠한 상황에 처해 있었을까요?〉

조선 왕조의 상징, 종묘

〈우리 나라의 종묘는 언제부터 시작되었으며 종묘 사직을 왜
중요시여겼을까요? 또한 종묘는 어떻게 구성되어 있으며
어떤 곳일까요?〉

아버지 사도세자를 애도하며 지은 수원 화성

〈뒤주에 갇혀 죽었던 사도세자에 대한 숨겨진 비밀이란 무엇
이며, 혜경궁 홍씨는 왜 한중록을 지었을까요? 그리고 수원
화성은 어떻게 해서 지어진 성곽일까요?〉

조선시대 여성의 희생을
보여 주는 열녀문과 은장도

죽어서도 시집 귀신이 된 여성들

'죽어서도 시집 귀신이 된다.'는 옛말이 있습니다. '출가외
인'이라는 뜻으로 한 번 시집 간 여자는 죽어서도 시집 귀
신이 되어야만 한다는 의미입니다.

옛날에 우리 나라 여성들은 시집을 가면 '눈 막고 3년, 귀

경주 최씨 열녀문
충남 연기군 서면 봉암리에 있는 조선시대의
열녀문으로 가난한 경주 최씨 여인이
남편과 시부모를 일찍 여의게 되었지만
손수 장례를 내고 3년간 시묘하자
그 효성에 감동해 매일같이 범이 와서
호위하였다고 한다.
그 후 성균관장의 표상을 받고
건립되었다고 한다.

막고 3년, 벙어리 3년'을 보내야 했고 남편이 죽으면 평생
을 혼자 지내야 했습니다. 심지어 결혼식을 하기 전에 남편
이 죽어도 시댁에 가서 평생 시부모를 공양해야 했답니다.
'미망인(未亡人)'이라는 말도 남편은 죽었는데 아직 죽지 않
고 있는 여성을 가리키는 말입니다.

조선시대에는 이렇게 평생을 수절하거나 남편이 죽었을 때
따라 죽은 여인을 정절이 높다고 칭송했습니다. 그리고 국
가에서는 그 여인을 기리는 뜻에서 문을 하사했는데, 이것
이 열녀문입니다. 이러한 전통 때문인지 우리들은 아직도
정절을 지키는 여성들을 좋게 생각하고 있습니다.

그러면 우리 나라는 언제부터 열녀를 떠받들게 되었을까요?

정절을 목숨과 바꾼 도미 부인 이야기

김부식이 쓴 《삼국사기》에는 백제 개루왕의 위협을 물리치
고 끝내 정절을 지킨 도미 부인의 이야기가 실려 있습니다.
이로 보아 열녀에 대한 집착은 꽤 오래 전부터 있어 왔던
것을 알 수 있습니다.

개루왕 시대에 백제의 도읍이었던 한성 부근의 시골에 착
한 남자와 아름다운 아내가 살고 있었습니다. 남자의 이름
은 도미였으며 남보다 의리가 강했고 그의 아내는 아름답
고 행실이 고왔을 뿐 아니라 절개가 곧았습니다. 그래서 도

미와 그의 아내는 많은 사람들의 칭찬을 받았습니다.

이 소문은 개루왕의 귀에까지 전해지게 되었습니다. 개루왕은 도미의 부인을 시험해 보고 싶은 생각이 들어서 도미를 궁궐로 불러 넌지시 떠보았습니다.

"그대의 아내가 훌륭한 열녀라 하던데 그 말이 맞다면 나라의 경사구나. 여자들의 정절은 세상에서 제일가는 덕이지만 이루기는 쉽지 않다고 하니, 만일 아름다운 말로 유혹한다면 쉽게 마음이 흔들릴지도 모르는 일 아니겠는가? 네 아내도 소문은 자자하지만 유혹한다면 과연 정절을 지킬 수 있을지 의심이 가는구나."

하지만 도미는 개루왕의 말에 고개를 저으며 대답했습니다.

"아닙니다. 제 아내는 어떠한 유혹에도 넘어가지 않을 것입니다. 목숨을 잃을지라도 마음을 지킬 것입니다."

그러자 개루왕은 누구의 말이 맞는지 시험해 보자며, 도미를 왕궁에 머물게 한 다음 신하를 불러 이렇게 말했습니다.

"너는 지금 왕의 차림을 하고 도미의 집으로 가서 내가 시키는 대로 하거라."

신하는 개루왕으로 변장을 하고 도미 부인을 찾아갔습니다. 한편 남편이 왕궁으로 불려간 다음 이제나 저제나 돌아올까 걱정을 하고 있던 도미의 아내는 임금이 찾아왔다는 말을 듣고 깜짝 놀라 방으로 모셨습니다.

"나는 이 나라의 왕이다. 네가 아름답다는 소문을 듣고 그

대의 남편과 내기 장기를 두어 내가 이겼다. 이제 그대의
몸은 내 것이고 그대는 앞으로 왕의 후궁이 되어 좋은 음식
과 아름다운 장신구를 마음껏 가질 수 있을 것이다. 그러니
이 밤을 나와 함께 보내자.”

왕으로 변장한 신하가 말을 마치고 도미 부인에게 다가갔
습니다. 그러자 도미 부인은 자세를 가다듬고 얼른 말을 꺼
냈습니다.

“왕께서 어찌 거짓말을 하시겠습니까? 기꺼이 따르겠으니
먼저 방으로 들어가세요. 옷매무새를 단정히 한 다음 들어
가겠습니다.”

도미 부인은 이렇게 말하고 물러나온 다음 시녀 한 명을 단
장시켜 방으로 들여보냈습니다.

개루왕은 얼마 뒤에야 도미 부인에게 속았다는 것을 알았
습니다.

“괘씸하도다. 감히 임금을 속이다니.”

화가 난 왕은 도미를 잡아들여 엉뚱한 죄를 뒤집어씌우게
하고 그 벌로 도미의 두 눈알을 빼내 앞을 못 보게 만든 다
음 작은 배에 실어 강물에 띄워 보냈습니다.

며칠 후 왕은 도미 부인을 직접 궁궐로 불러 말했습니다.

“네 남편은 큰 죄를 짓고 벌을 받아 멀리 강물에 버려지고
말았다. 이제 너는 나와 함께 궁에서 살아야만 한다.”

그러자 도미 부인은 달콤한 말로 개루왕의 마음을 달랬습

니다.

"남편을 잃었으니 의지할 곳 없는 제가 어찌 임금님의 명령을 거역하겠습니까? 그러나 오늘은 몸이 좋지 않아 임금님을 모실 수 없으니, 몸이 좋아진 후에 다시 오겠나이다."

도미 부인은 이렇게 임금님을 안심시킨 후 어둠을 틈타 궁궐을 빠져 나왔습니다. 그리고는 곧바로 남편이 버려진 강가로 달려갔습니다. 그러나 사방은 어둡고 남편이 탄 배는 보이지 않았습니다. 뿐만 아니라 강을 건너갈 배 한 척도 없었습니다. 도미 부인은 절망스런 마음에 그 자리에 쓰러져 흐느껴 울었습니다. 그 때 홀연히 배 한 척이 물결을 따라오고 있었습니다. 도미 부인은 그 배에 올라탔습니다. 배는 흘러 흘러 어느덧 천성도라는 섬에 닿았는데 그 섬에는 그렇게도 잊지 못하던 남편이

도미의 묘
도미는 백제 개루왕 때의 평민이며 그의 부인은 아름답고 절개가 굳었다.

아직 죽지 않고 그녀를 기다리고 있었습니다.

"여보, 살아 계셨군요."

둘은 반갑고 서러운 마음에 부둥켜안고 하염없이 눈물을 흘렸습니다. 그러나 먹고 살 일이 막막했습니다. 그녀는 섬의 산과 들을 돌아다니며 나무 열매와 풀뿌리를 캐서 남편에게 먹였습니다. 이렇게 얼마 지나자 남편도 기력을 회복하여 아내와 함께 배를 저을 수 있게 되었습니다.

두 사람은 배를 저어 고구려 땅 산산까지 갔습니다. 그 곳에 살고 있던 고구려 사람들은 도미 부부를 불쌍히 여겨 잘 보살펴 주었습니다. 그 곳에 삶의 터전을 마련한 도미와 그의 아내는 일생 동안 고향 땅을 밟지 못했지만 서로를 아끼며 죽을 때까지 그 곳에서 살았답니다.

고려시대까지만 해도 자유로웠던 여성들

《삼국유사》에는 국경을 지키기 위해 떠난 약혼남을 기다리는 설씨 낭자 이야기가 실려 있습니다.

설씨 낭자는 집안이 몹시 가난했습니다. 게다가 나이 많은 아버지와 함께 살고 있었답니다. 어느 날 아버지가 나라의 부름을 받고 국경을 지키는 군인으로 가게 되었습니다. 늙고 허약한 아버지를 대신해서 변방으로 갈 수 없는 설씨 낭자는 깊은 수심에 잠겼습니다.

그 무렵, 이웃 마을에 가실이란 젊은이가 살고 있었는데 가실은 일찍이 설씨 낭자를 좋아했지만 아무 말도 못하고 있었습니다. 그 때 설씨 낭자의 아버지가 변방에 가게 되었다는 말을 듣고 낭자의 집으로 찾아가 말했습니다.

"내가 힘은 없으나 아직 젊으니 아버지를 대신해서 변방에 가겠소."

설씨 낭자는 가실의 말에 여간 기쁘지 않았습니다. 그녀는 아버지에게 그 뜻을 전했습니다.

"그대가 나를 대신해서 변방에 가겠다니 정말 고맙네. 돌아오면 내 딸과 결혼해 주게나."

둘은 가실이 수자리에서 돌아오는 대로 결혼하기로 약속했습니다. 설씨 낭자는 품에서 손거울을 꺼내어 반으로 자른 후 가실에게 한 조각 나누어 주었습니다.

"이 거울 조각을 훗날의 징표로 삼읍시다."

설씨 낭자와 결혼하기로 약속한 가실은 변방으로 떠났습니다. 그러나 가실은 돌아올 기한이 지나도 돌아오지 않았습니다.

세월은 흘러 가실이 떠난 지 6년이 지났고 낭자의 아버지는 자나깨나 가실을 기다리는 딸이 가여웠습니다.

"3년 기약으로 떠난 가실이 아직도 돌아오지 않으니 죽은 게 틀림없다. 다른 사람에게 시집가도록 해라."

그러나 설씨 낭자는 아버지의 말씀을 거역한 채 마냥 가실을 기다렸습니다. 기다린 보람이 있어 어느 날 가실이 군대에서 풀려나 설씨 낭자를 찾아왔습니다. 그 동안 군대에서 고생한 탓에 너무 말라서 누구도 가실을 알아볼 수 없었지만 둘은 품 안에 고이 간직했던 거울 조각을 꺼내 맞추어 보았습니다. 두 개의 거울 조각은 한 개가 되었습니다.

가실을 믿고 기다린 설씨 낭자는 마침내 소원을 이루어 둘은 행복하게 살았답니다.

도미 부인의 이야기나 설씨 낭자 이야기는 여성에게 희생을 강요하는 열녀전은 아닙니다. 살아 있는 남편을 위해 정절을 지킨 도미 부인의 노력은 매우 값진 것이고 가실이 돌아오기를 기다린 설씨 낭자의 이야기도 지고지순한 사랑의 승리라고 할 수 있습니다.

이후 고려시대까지만 해도 목숨을 버리고 정조를 지키는 열녀는 드물었습니다. 조선시대의 유명한 정치가이자 유학자였던 김종

망부상

서가 편찬한 《고려사》에는 14명의 열녀를 기록하고 있으나 이들은 모두 몽고군이나 왜적이 침입했을 때 정절을 지키다 죽은 여인들이랍니다.

이렇게 우리 옛 역사책인 《삼국사기》, 《삼국유사》, 《고려사》를 보아도 옛날 우리 여성들은 매우 자유롭게 생활했음을 알 수 있습니다.

열녀 만들기 운동에 희생된 조선 여인들

조선이 건국되고 성리학을 지배 이념으로 삼으면서 여성들은 억압을 받게 되었습니다. 여성은 바깥에 자유롭게 나다니지도 못했고 '남녀칠세부동석'이라 하여 일곱 살이 되면 남녀가 한 자리에 앉지도 못했습니다.

여성은 아무리 어리석은 남편이라도 정성을 다해 모셔야 했고 결혼한 여성이 해서는 안 되는 일곱 가지 악을 만들어 여성을 안방 속에 꽁꽁 가두었습니다. 이렇게 규방 속에서 잘 참고 버틴 열녀를 뽑아 매년 상도 주었습니다.

조선시대에는 결혼의 의미도 변했습니다. 결혼이 남녀간의 사랑으로 맺어지는 것이 아니라 가부장 위주의 가족제도를 유지하기 위한 수단이 되어 버렸습니다.

❖ 칠거지악

유교적인 도덕관에 입각하여 남편이 아내를 내쫓을 수 있는 7가지의 요건. 칠거 또는 칠출이라고도 부른다. 봉건시대에 여자가 지켜야 할 세 가지 도리인 '삼종지도'와 더불어 전통사회의 여성들에게 가장 경계해야 할 덕목으로 인식되었다. 그 내용은 ① 시부모에게 순종하지 않는 일 ② 자식을 못 낳는 일 ③ 행실이 좋지 못한 일 ④ 질투하는 일 ⑤ 나쁜 병에 걸리는 일 ⑥ 수다가 심한 일 ⑦ 남의 물건을 훔치는 일 등이다.

그리고 부모가 짝을 지어 주어야만 결혼할 수 있었답니다.

조선시대에는 열녀를 적극 권장했습니다. 그래서 여성의 정절을 권장하는 삼강행실도를 여러 차례 반포하였고 사사로이 정을 맺은 여인의 신분을 격하시켰습니다. 그것도 모자라 조선 초기인 성종 16년(1485)에는 '재가녀자손금고법'이라는 무서운 법을 만들어 두 번 결혼한 여인의 자손은 과거를 볼 수 없게 만들었습니다. 또 첩의 아들이 벼슬길에 오르는 것도 막아 버렸습니다.

이러한 법들은 자식의 출세에 마음이 약해지는 어머니들의 본능을 악용한 것이라고 볼 수 있습니다. 이 법들로 조선의 양반집 여인들은 이제 더 이상 재가를 할 수 없었고 이 법은 점차 일반 부녀자에게까지 퍼져 나가 부녀자는 이제 목숨을 걸고라도 수절해야만 했습니다.

조선시대에 쓰인 《청구야담》이라는 소설에 여성의 수절에 대한 이야기

삼강행실도

1431년(세종 13)에 임금의 명에 따라 설순 등이 펴낸 예절에 관한 책으로 조선 초기에 사회 질서를 바로잡기 위해 펴낸 유교적 도덕서이다. 우리 나라와 중국의 책에서 삼강에 모범이 될 만한 충신이나 효자·열녀를 뽑아 그 행실을 한문과 한글로 적어 기렸다. 이 책은 각각의 사실을 그림으로 나타내어 내용을 알기 쉽게 했는데, 그림은 당시의 이름난 화가인 안견·최경·안귀생 등이 그린 것으로 보인다.

망부석
망부석이나 망부석 설화는 절개 굳은 아내가 멀리 떠난 남편을 기다리다 만나지 못하자 죽어서 돌이 되었거나 아내가 죽지 않고 돌에서 기다렸다는 데서 유래된 것이다.

가 실려 있습니다.

어느 재상의 딸이 출가를 했다가 일 년도 안 되어 남편을 잃게 되었습니다. 그래서 그녀는 친정으로 돌아와 외롭게 지내고 있었습니다.

어느 날 재상은 몸단장을 곱게 한 딸이 거울 앞에서 흐느껴 우는 것을 보고는 어찌나 측은하던지 한동안 마음이 괴로웠습니다.

그러던 어느 날 마침 드나들던 무사 한 사람이 문안 인사를 드리러 찾아왔습니다.

무사를 본 재상은 은밀히 그를 불러 말했습니다.

"자네가 아직 결혼하지 않았고 생활도 어려우니 내 사위가 되어 주게."

"명령대로 하겠습니다."

무사는 고개를 조아리며 대답했습니다.

재상은 무사의 손에 은덩이를 쥐어 주고, 그 날 밤 말과 교자를 갖고 뒷문 밖에서 기다리게 하여 딸과 함께 떠나도록 했습니다. 딸이 떠나는 것을 보고 방으로 돌아온 재상은 딸이 자결했다며 통곡을 하기 시작했습니다. 그리고 조용히 딸의 장례를 치렀습니다. 집안 사람들에게는 모두 딸이 자결한 것으로 알게 만들었습니다.

몇 년 후 재상의 아들이 암행어사가 되어 함경도 지방에 가게 되었습니다. 여기저기 돌아다니다가 밤이 되어 어느 집에 들어가 하룻밤 묵게 해 달라고 청했는데 뜻밖에도 그 집은 죽은 줄만 알았던 누이의 집이었습니다. 재상의 아들은 너무 놀라서 인사조차 할 수 없었습니다.

볼일을 다 보고 집에 돌아온 아들은 이 사실을 아버지에게 말씀드렸습니다.

"아버님, 이번 임무 중에 이상한 일이 있었습니다."

아들의 말을 들은 재상은 심각한 표정을 지으며 말문을 막아 버렸습니다. 그제서야 어찌 된 일인지를 짐작한 아들은 조용히 그 자리를 물러나왔다고 합니다.

법을 지켜야 할 재상이라도 청상과부가 된 딸의 불행을 지켜 볼 수만은 없었나 봅니다.

이 이야기에서 조선시대의 법과 제도가 여성들에게 얼마나 큰 족쇄가 되었던가를 잘 알 수 있습니다.

열녀 만들기는 신분제 강화의 산물

조선시대 전기만 해도 고려 말의 풍습이 강하게 남아 있어서 남녀를 심하게 차별하지 않았습니다. 임진왜란 전까지만 해도 여성도 당당하게 재산을 상속받을 수 있었습니다. 오늘날의 헌법격인 조선시대의 법전 《경국대전》에도

❂ 경국대전(經國大典)

오늘날의 헌법에 해당하는 조선시대의 법전. 조선 세조 때 노사신·최항 등이 왕명을 받고 만들기 시작하여 성종 때 (1458)에 완성하였다. 태조 때에 만든 〈경제육전〉과 태종·세종 때의 〈속육전〉, 〈육전등록〉 등을 종합정리해서 만든 것으로, 이·호·예·병·형·공전의 6권 4책으로 되어 있다. 《경국대전》은 현재 전하는 가장 오래 된 법전으로, 조선의 기본법으로서 조선시대의 정치·경제·사회 전반을 이해하는 데에 없어서는 안 될 귀중한 자료이다.

남녀의 재산을 철저하게 나누도록 되어 있습니다.

그러나 임진왜란과 병자호란을 겪으면서 조선은 사회 밑바닥부터 신분제 해체를 요구하는 분위기가 팽배해 갔습니다. 하지만 권력을 유지하고 있던 사대부들은 이 같은 사회적 요구를 묵살하고 오히려 신분제를 더욱 강화하려 했습니다. 이들은 먼저 예학(禮學)을 강조하기 시작했습니다. 예학의 기본사상은 각 신분에는 각자 지켜야 할 예가 따로 있다는 것이었습니다. 즉, 사대부가 지켜야 할 예가 따로 있고 중인이 지켜야 할 예가 따로 있으며 양인이 지켜야 할 예가 따로 있다는 것입니다. 그래서 신분간의 경계를 넘으면 엄하게 벌을 받도록 했습니다.

밀양 손씨, 창녕 손씨 쌍열녀문
충남 연기군 동면 내판리에 있는 조선시대의 열녀문으로 임신 4개월만에 남편과 사별한 손씨는 예를 다하여 죽은 남편을 섬기고 유복자를 길러 창녕 성씨 며느리를 보았지만 며느리 역시 20살이 안 되어 남편과 사별하였다. 그러나 젊은 고부는 정절과 몸가짐이 곧고 부지런하여 주위의 칭찬을 받았고 이 사실이 조정에 알려져 고종 갑진년에 정문이 세워졌다.

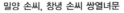

이러한 예학이 여성들에게 적용되면서 여성은 열녀가 되어야만 칭찬을 받게 되었습니다. 열녀 만들기는 바로 신분제를 강화하려는 정책이었던 것입니다.

이들이 신분제를 강화한 데는 기하급수적으로 늘어나는 양반의 숫자도 한 몫 했습니다. 즉 벼슬자리는 정해져 있는데 양반의 숫자는 점점 늘어나기만 하니 양반들은 피의 순수성을 강조하여 관리가 될 수 있는 사람들을 대폭 줄였던 것입니다.

열녀문과 은장도

조선시대 여인에게는 열녀문과 은장도가 정절을 지키는 상징이 되었습니다. 은장도는 흔히 여인들이 몸 깊은 곳에 차

은장도
사대부 집안의 부녀자들이 몸에 지녔으며 정절의 상징이었다.

고 있다가 남편 이외의 남자들이 겁탈하려 할 때 저항하거
나 자결하는 칼입니다.

부녀자들이 은장도를 차기 시작한 것은 고려가 원나라의
침입을 받고부터라고 합니다.

《고려사》에는 호수의 처 유씨가 몽고 병사에게 저항하다 목
숨을 끊는 이야기가 나옵니다. 이로 보아 이 때부터 부녀자
들은 변란에 대비하기 위해 은장도를 찼던 것임을 알 수 있
습니다.

그러나 은장도는 원래 여인만이 쓰던 도구는 아니었습니
다. 남녀가 함께 차고 다니는 노리개였는데 주로 남성보다
는 여성이 차고 다녔던 것뿐입니다. 이 노리개는 차는 위치
에 따라 옷고름에 차면 패도라고 불렀고, 주머니 속에 지니
면 낭도라고 불렀습니다.

연산군은 양반 사대부가 아닌 서인에게는 은장도를 차지
못하게 했고, 또 현종 임금도 양반이 아닌 유생이나 서인
남자가 은장도를 차고 다니면 벌을 내렸다고 합니다. 이것
은 은장도가 곧 열녀의 상징은 아니었다는 뜻입니다.

그러나 조선 후기에 이르면서 은장도는 열녀의 상징이 되
었고 은장도에 '일편단심'이라는 글자를 새긴 것도 이런 이
유에서였습니다.

가짜 열녀도 있었다는데

이처럼 조선시대에 극단적인 수절이 강조되면서 가짜 열녀가 등장하게 되었습니다.

조선 후기의 실학자 박지원이 쓴 단편소설 《호질》에는 가짜 열녀의 모습이 잘 그려져 있습니다.

젊어서 과부가 된 동리자라는 여인은 20여 년 동안 수절한 덕분에 열녀상까지 탔으나 그녀가 낳은 아이 다섯은 모두 성이 달랐다고 합니다. 동리자는 몸종에게 많은 돈을 주고 비밀을 지키게 하면서 아이들을 기르게 했던 것입니다.

동리자는 같은 고을에 사는, 학식이 높은 북곽 선생이라는 군자와 정을 통하고 있었습니다. 그러던 어느 날 두 사람의 밀회가 탄로나고, 그들의 실제 모습이 여지없이 드러나게 된다는 이야기입니다

이렇게 조선시대에는 《호질》 같은 소설이 등장할 만큼 가짜 열녀와 가짜 군자들이 많았다고 합니다. 즉 여성의 정절은 집안이나 사회가 강요할 강제적인 것이 아니라 여성 스스로 원해서 지켜야 하는 덕목인 것입니다.

조선 왕조의 영광과 굴욕을 한눈에 보여 주는 경복궁

자연과의 조화를 으뜸으로 여긴 조선의 궁궐

경복궁을 비롯한 왕조시대의 궁궐은 나라의 최고 통치자인 임금이 살면서 백성을 통치했던 곳인데, 일반적으로 임금이 사는 궁궐은 백성들에게 통치자의 권위와 위엄을 과시하기 위해 장식도 화려하게 하고 규모도 크게 지었습니다.

경복궁 근정전
국보 제223호로 경복궁의 정전인 2층 건물이다.
정도전이 지은 근정전이란 이름은 임금의 부지런한 자세가 정치의 으뜸이라는 의미가 내포되어 있다고 한다.

또한 일반 백성들이 가까이 갈 수 없는 성역이었기 때문에 이 곳에 살거나 드나들 수 있는 사람은 특별한 사람들이었습니다.

경복궁은 조선시대 왕이 주로 살던 정궁입니다. 궁궐은 왕이 사용하는 목적에 따라 정궁, 이궁, 행궁으로 나뉠 수 있는데 왕이 주로 살면서 나라일을 할 목적으로 지은 궁이 바로 정궁입니다. 그리고 늘 살지는 않지만 필요할 때마다 한 동안 거주하는 궁을 이궁이라고 하고, 왕이 서울을 벗어나 지방에 행차할 때 머무르기 위해 지은 궁을 행궁이라고 합니다. 조선시대에는 경복궁이 정궁, 창덕궁·창경궁·경운궁·경희궁이 이궁, 수원과 온양에 있는 궁 등이 행궁이었습니다.

조선시대의 선비들은 검소함을 아름다운 덕으로 알았기 때문에 궁궐도 화려하게 짓지 않았습니다. 실제로 조선시대에 세워진 건물들은 주변 환경에 어긋나지 않고 자연과 조화된 건물들이 많습니다. 경복궁 근정전의 처마를 보더라도 근정전 뒤의 북악산 산자락을 따라서 마치 즐거운 달리기라도 하듯이 나란히 이어져 가는 것을 볼 수 있습니다. 그래서 조선의 궁궐들에서는 두려움보다 아늑함이 느껴지는 것입니다.

도선 국사가 일러 준 명당 자리 한양

1392년 조선 왕조를 세운 태조 이성계가 임금으로 즉위한 곳은 서울이 아니라 개경의 수창궁이었습니다.

이성계는 왕이 된 후에 나라의 분위기를 새롭게 하기 위해 수도를 옮기기로 했습니다. 당시 개경은 고려의 옛 세력의 근거지였기 때문에 당연히 새로운 왕조에 대한 반감이 높았고 태조 이성계는 그들이 갖고 있는 고려에 대한 연민과 향수, 그리고 조선에 대한 반감이 반란으로 이어질까 두려웠습니다. 게다가 '개경은 신하가 임금을 없애는 망국의 터'라는 말이 있었기 때문에 더욱더 도읍을 옮기려 했습니다.

이성계가 원래 마음에 두었던 도읍지는 서울이 아니라 계룡산 신도안이었습니다. 왜냐 하면 《정감록》이라는 책에 신도안은 8백 년 도읍지로 기록되어 있기 때문입니다.

이성계는 실제로 계룡산 신도안을 신도(新都)라고 부르고 새로운 도읍지를 건설하기 위해 1년 가까이 공사를 해 오던 중이었는데 경기도 관찰사 하륜의 반대에 부딪치게 되었습니다.

"도읍은 나라의 가운데에 있어야 하는데 계룡산은 너무 남쪽에 치우쳐 있고 풍수지리상으로도 좋지 않은 곳입니다."

하륜의 말을 들은 이성계는 여러 신하들과 의논을 한 뒤 공사를 중지시키고 무학대사에게 다른 곳을 알아보라고 했습니다. 그리하여 무학대사는 새 도읍지를 찾아 나섰습니다.

어느 날, 무학대사가 왕십리 근처에서 땅을 살피고 있을 때 한 노인이 소를 몰고 가면서 말했습니다.

"이 미련한 무학 같은 놈아! 어찌하여 바른 곳을 두고 굽은 곳으로 가느냐?"

이상하게 여긴 무학대사가 노인에게 말뜻을 묻자 노인은 이렇게 대답했습니다.

"지금 있는 곳에서 10리를 더 가라."

무학대사는 노인의 말대로 10리를 더 갔습니다. 그랬더니 놀랍게도 그 곳에 명당 자리가 있었습니다. 바로 한양이었습니다. 한양으로 온 무학대사는 어느 높은 고개에 올라 동네를 굽어보며 궁궐터를 살펴보았습니다. 그 고개가 바로 지금의 '무학재' 이고, 노인이 10리를 더 가라고 가르쳐 준 곳이 지금의 '왕십리' 라고 합니다. 무학대사는 너무 고마워 그 노인을 찾아가 인사를 하려고 했지만 노인은 어느 새 사라지고 없었답니다.

그런 일이 있은 후 무학대사가 한 절에 들렀는데 놀랍게도 법당에 그 노인의 초상화가 걸려 있는 것이었습니다. 그 노인은 다름아닌 신라 말기 풍수도참설의 대가였던 도선 국사였습니다.

☸ 무학대사(1327~1405)

고려 말부터 조선 초기의 고승. 무학은 호이며, 중이 되기 전의 성은 박(朴)씨였고 이름은 자초(自超)라고 알려져 있다. 18세 때 승려가 되어 용문산에 들어가 혜명으로부터 불교의 깊은 진리를 배웠다. 1353년에 원나라에 유학하여 그 곳에 가 있던 혜근에게서 가르침을 받고, 귀국 후에는 그로부터 법을 이어받았다. 조선의 태조 이성계는 무학의 예언대로 나라를 세우게 되자, 그를 왕사로 봉하고 그가 도를 닦던 설봉산 토굴터에 석왕사를 세웠다. 이성계가 서울을 한양으로 정한 것도 대사의 제언에 따른 것이다.

🔵 도선국사(827~898)

신라 말기의 스님이자 풍수지리가. 성은 김씨이며 고향은 영암이다. 15세 때 월유산 화엄사에 들어가 불교를 공부하였으며, 도의 깨달음이 빨라 사람들을 놀라게 하였다. 그러나 승려보다는 풍수지리설의 대가로 유명한데, 왕건의 탄생을 예언했다고 하여 태조 이후 고려 왕실의 극진한 대우를 받았다. 태조는 '훈요십조'에서 도선이 정한 곳 이외에는 사찰을 세우지 말라고 유언했을 정도로 그의 풍수지리 사상에 큰 영향을 받았다. 그는 풍수지리설과 음양오행설에 독창적인 학설을 세워 《도선비기》라는 책을 지었는데, 이 책은 고려의 사회·정치면에 많은 영향을 끼쳤다.

북한산
서울시 도봉구와 경기도 고양시의 경계에 있는 산으로 교통이 편리하여 서울 시민의 등산코스로 이용되고 있으며 1983년 북한산 국립공원으로 지정되었다.

그리하여 이성계는 임금이 된 지 3년이 지난 후 불과 두 달만에 개경에서 서울로 도읍을 옮긴 것입니다.

새 도읍지 한양은 한 나라의 도읍지로서 충분한 조건을 갖추고 있었습니다. 한반도의 중심에 위치하기 때문에 육상 교통이 편리할 뿐만 아니라 한강 가까이에 서해가 있어서 물자를 운반하기에도 아주 좋았습니다. 또한 북악산, 인왕산, 목멱산(남산), 낙산, 북한산, 관악산, 용마산 등이 서울의 안팎을 병풍처럼 둘러싸고 있고 동에서 서로 한강이 흘러 외적의 침입을 막기에도 좋은 땅이었습니다.

태조 이성계가 한양을 조선의 새 도읍지로 정하게 된 데에는 오얏나무와 관련된 재미있는 이야기도 전해 내려오고 있습니다.

고려 말, 지금의 경복궁 자리에 갑자기 오얏나무가 무성하게 자라기 시작했다고 합니다. 그 후 한양에 오얏나무가 많이 자라는 것은 이(李 : 오얏 리) 씨 성을 가진 사람이 왕이 될 징조라는 소문이 퍼지기 시작했습니다. 공민왕은 그 소문을 듣고 화가 나서 사람을 시켜 오얏나무를 모두 베어 버리게 했습니다. 그러나 오얏나무는 아무리 베어도 계속 무성하게 자랐습니다. 결국 공민왕도 두 손을 들고 말았고, 그 후 이성계가 고려를 무너뜨리고 조선을 건국했다고 합니다.

조선 왕조의 정궁으로서 당당한 모습을 갖추다

한양으로 천도한 태조가 제일 먼저 한 일은 새 궁궐을 짓는 일이었습니다.

우선 태조는 옛날의 한성부 객사에 임시 거처를 정하고, 도읍을 옮긴 직후부터 궁궐을 짓기 시작하여 약 1년만에 최초로 조선 왕조의 정궁인 경복궁을 완성했습니다.

이성계는 학문이 깊은 신하 정도전에게 궁궐의 이름을 짓도록 했는데, 그는 《시경》 주아편의 '이미 술에 취하고 덕에 배불렀으니 군자 만년에 큰 경복(景福)일레라' 라는 구절을 따서 경복궁이라고 지었다고 합니다.

'경복'이라는 말에는 임금님의 큰 은혜와 어진 정치로 인해 모든 백성들이 아무런 걱정 없이 잘 살아간다는 뜻이 담겨 있다고 합니다.

경복궁이 완성되고 나서 2년 후인 태조 6년(1397)에 다시 궁궐 건물을 늘리기 시작했으나 다음 해 8월, 왕자의 난으로 공사가 중단되었습니다. 두 번에 걸친 왕자의 난으로 왕위에 오른 태종 이방원은 개경으로 도읍을 옮길 것인가, 아니면 그냥 한양에 머무를 것인가를 놓고 고민했습니다.

결국 왕위에 오른 지 4년(1404)만에 한양에 머물기로 결정하고, 이듬해 10월에 이궁인 창덕궁을 지어 그 곳으로 이사했습니다. 태종이 경복궁에서 살지 않고 새로 창덕궁을 지어 이사한 것은 아버지 이성계의 분노 때문이었습니다. 태종 이방원은 왕위에 오르기 위해 이복형제들을 모두 죽였기 때문입니다.

경희궁
조선시대의 별궁으로 본래 이름은 경덕궁이었으나 1760년 경희궁으로 고쳤다고 한다.(사진은 숭정문)

창경궁
창경궁은 임진왜란 때 소실되었다가 광해군 때 재건되어 창덕궁과 함께 조선 왕조 역사의 중심무대가 되었다.
86년에 명정전 남쪽에 있던 편전인 문정전과, 명정전과 정문 사이 좌우 행각이 복원되었다.(사진은 문정전)

경복궁이 조선 왕조의 정궁으로서 온전한 모습을 갖춘 시
기는 세종 때부터입니다. 세종은 즉위 후에 자주 경복궁에
살았고 궁전도 여러 차례 수리하고 증축했습니다.

세종은 왕권이 안정되자 경복궁을 명실상부한 정궁으로 만
들기 위해 많은 노력을 기울였습니다. 왕위에 오른 지 8년
(1426)이 되었을 때는 집현전 관료들에게 궁 안의 문과 다
리의 이름을 정하도록 명령했는데 이 때 정해진 이름이 홍
례문·광화문·일화문·월화문·건춘문·영추문·영제교
입니다.

세종은 계속해서 11년(1429)에 사정전과 경회루를 증축하였고, 13년에는 광화문을 다시 고쳤으며, 14년에는 문소전을 지었고, 15년에는 강녕전을 고치고 신무문을 지었으며, 20년에는 선원전을 이전하기 위한 공사를 하였습니다.

그리하여 경복궁은 비로소 조선 왕조의 정궁으로서 당당한 모습을 갖추게 되었습니다. 이후 세종의 뒤를 이은 왕들도 경복궁을 계속 수리하고 증축하였지만 이처럼 경복궁이 제 모습을 갖추게 된 것은 모두 세종의 공로라고 할 수 있습니다.

경회루
국보 제224호로 근정전 서북쪽에 있는 연못 안에 있으며 임금과 신하가 모여 잔치를 하거나 사신을 접대하던 곳이었다.

임진왜란 때 불타 버려 고종 때 새로 지음

그러나 경복궁은 임진왜란(1592) 때 다른 궁궐들과 함께 불타 버렸습니다.

그 후 터만 남아 270여 년 간의 긴 세월을 보냈습니다. 그 동안 익종 · 헌종 등 여러 임금들이 경복궁을 다시 세우려고 했지만 지을 돈도 부족했고 불길한 건물이라고 신하들이 반대하여 제대로 이루어지지 못했답니다. 그래서 이후의 왕들은 광해군 때 다시 지어진 창덕궁에서 살 수밖에 없었습니다.

경복궁이 다시 지어진 것은 아들 고종을 왕으로 즉위시키는 데 성공한 흥선대원군에 의해서였습니다. 당시 고종은 나이가 어렸기 때문에 아버지인 대원군이 나라일을 처리하고 있었습니다.

흥선대원군은 3대에 걸친 안동 김씨의 세도정치로 왕실의 권위가 땅에 떨어진 것을 가장 마음 아파했습니다. 그래서 왕실의 권위를 다시 회복하기 위해서 경복궁을 다시 세우는 것이 가장 우선이라고 생각했습니다. 원로 대신들은 반대하는 사람들이 많았지만 대원군은 강한 의지로 경복궁을 다시

> **❂ 세도정치**
>
> 조선시대에 왕의 신임을 얻은 신하나 외척이 강력한 정치적 권세를 잡고 나라를 다스리던 비정상적인 정치 형태. 정조 때의 홍국영에서부터 비롯되었다고 하나, 본격적인 세도정치는 순조 때 순조의 장인인 김조순이 권세를 잡으면서 시작된 안동 김씨 일문에 의한 정치와 헌종 때 풍양 조씨에 의한 정치를 가리킨다. 순조 · 헌종 · 철종의 3대 60여 년간 계속된 세도정치로 왕실의 위신은 땅에 떨어지고, 정치 기강의 문란으로 국정이 어지러워져서 백성들은 많은 피해를 입고 굶주림에 허덕이게 되었다.

동대문
보물 제1호로 조선시대의 성문이다.

남대문
국보 제1호로 조선 초기의 성문이며 창건연대를 알 수 있는 한국 건축에 있어서 중요한 건물의 하나이다.

세우기로 했습니다.

경복궁 재건은 고종 2년(1865)에 시작되었지만 공사에는 어려움이 많았습니다. 고된 일로 잠도 충분히 못 자고 쉬지도 못하여 죽는 사람들이 많았고, 궁궐을 지을 돈과 곡식도 부족했습니다.

대원군은 공사 비용을 마련하기 위해 왕실 종친과 부자들에게 원납전이라는 명목으로 돈을 자진해서 내도록 했습니다.

따라서 양반이나 일반 시민들은 각자의 능력껏 원납전을 바쳐야 했고 돈이 없는 백성들은 노동력을 바쳐야 했습니다.

또한 서울의 4대문을 통과하는 사람과 말이 끄는 마차에게도 통과세를 받았고 심지어 결혼하는 사람에게는 인두세라는 명목으로 돈을 받아냈습니다.

공사는 궁성 축조, 내전 건축에 이어 외전 · 경회루 · 별전 · 행각

등의 순서로 진행되었으며 약 41만 9천 평방미터의 규모에
330개에 이르는 크고 작은 전각과 부속 건물을 세워, 드디
어 명실상부한 정궁으로서의 위엄을 갖추게 되었습니다.
이와 함께 경복궁의 남쪽에는 정문인 광화문, 동쪽에는 건
춘문, 서쪽에는 영추문, 북쪽에는 신무문을 각각 세우고,
광화문 벽의 동서쪽에는 누각을 세웠습니다.
이렇게 경복궁은 여러 가지 어려움에도 불구하고 3년 4개
월만에 완공되었고 고종은 경복궁으로 옮겨와 나라일을 보
기 시작했습니다.

광화문
경복궁의 정문으로 현재의 광화문은 일부를 수리한 것이다.

경복궁 안에서 이루어진 명성황후 시해 사건

명성황후
9세 때 부모를 여의고 가난하게 자랐으나 흥선대원군의 부인 민씨의 추천으로 고종의 비가 되었다. 그러나 대원군이 물러난 후 국왕 고종을 능가하는 권력을 행사했다.

그러나 이렇게 재건된 경복궁은 그 뒤 커다란 수난을 겪어야만 했습니다. 1894년 일본군이 궁성에 함부로 들어오더니, 급기야 다음 해에는 고종의 부인인 민비를 시해하는 을미사변을 일으킨 것입니다.

을미사변이 일어나게 된 이유는 청일전쟁 이후 청나라와 일본을 불신하게 된 명성황후가 친일파를 추방하고 친러파를 정권에 등용했기 때문입니다. 그래서 일본은 명성황후 살해라는 엄청난 계획을 세우게 되었고 서울 주재 일본 공사 미우라 고로가 당시 서울에 있던 일본의 깡패들을 동원하여 황후를 죽이게 된 것입니다.

고종 32년(1895) 8월 20일 새벽, 일본 공사관 수비대와 깡패들이 모여 광화문을 지나가려 하자 군부대신 홍계훈의 시위대가 막았습니다. 하지만 전투는 10분만에 끝나고 홍계훈이 죽자 지휘자를 잃은 시위대 병력은 사방으로 흩어져 버렸습니다. 이윽고 일본인 장교가 지휘하는 병사들은 궁궐 안으로 침범하였고 칼을 빼든 깡패들은 황후를 찾아 이곳 저곳을 들쑤시고 다녔습니다. 그러나 어디에도 황후는 없었습니다. 일본인 깡패들은 궁녀들의 머리카락을 붙잡고 목에 칼을 들이대며 '왕비는 어디 있느냐? 왕비 있는 곳을 말해라!' 라고 소리쳤습니다. 건청궁의 신녕각에는 많은 궁녀가 공포에 질린 채 서로 몸을 부둥켜안고 떨고 있었습니다. 폭도들은 그들 중 얼굴과 옷이 아름다운 세 명을 죽였는데 그 세 명 중 한 명이 황후였습니다.

일본 병사들과 깡패들은 황후를 살해하는 데 그치지 않았습니다. 그들은 황후의 시체를 홑이불에 싸서 건청궁 동쪽 녹원 수풀 속으로 옮기고 장작더미를 높이 쌓아 황후의 시신을 올려 놓은 다음 석유를 끼얹어 불을 질렀습니다. 그들은 한 나라 국모의 유해를 석유로 불태우는 악독한 만행을 저지른 것입니다. 그리하여 명성황후의 몸은 순식간에 재로 변했습니다.

지금도 경복궁 안에 있는 민속박물관 옆에는 이 사건을 잊지 않기 위해 이승만 대통령이 친필로 쓴 명성황후 조난비가 있습니다.

명성황후 조난비

조선 왕조의 패망과 함께 폐궁이 되어

명성황후가 일본인들에게 무참히 살해당하자 1896년 2월, 위협을 느낀 고종은 세자와 함께 러시아 공사관으로 피신

● 아관파천

고종 황제가 러시아 공사관으로 거처를 옮겨 1년을 지낸 사건. 청·일 전쟁이 끝난 후 명성황후가 친러적인 태도를 취하자, 일본은 1895년에 명성황후를 시해하고 친일적인 김홍집 내각을 세웠다. 이렇게 되자 신변에 위협을 느낀 고종 황제는 일본의 만행을 피해 1896년에 러시아 공사관으로 옮겨 그 곳에서 모든 정치를 행하였다. 고종은 환궁하려 했으나 그 때마다 친러파의 공작으로 실패하다가 1년만인 1897년 2월에 경운궁(지금의 덕수궁)으로 돌아왔다. 그 동안 우리 나라의 많은 이권은 러시아를 비롯한 열강에 넘어갔었다.

● 조선총독부

일제가 1910년부터 1945년까지 35년 동안 우리 나라에 설치하였던 통치 기관. 1910년 8월 29일, 우리 나라는 을사조약을 맺은 지 5년 만에 일본에게 주권을 송두리째 빼앗겼다. 일본은 서울에 조선총독부를 두고 최고 통치자를 총독이라 하여 일본 육·해군 대장 가운데서 임명하여 보냈다. 일제가 우리 나라를 강제로 점거한 35년 동안 8명의 총독이 우리 겨레를 탄압하고 일본 국민이 될 것을 강요하였다. 총독 아래에는 보조 기관으로 정무 총감을 두어 주요 업무를 맡고 각 부처를 감독하게 했다. 조선총독부는 초기에는 경찰을 동원한 무단통치를 실시하다가, 1919년에 한민족이 거족적으로 저항한 3·1운동을 계기로 표면적으로 문화통치를 내세우긴 했지만 실제로는 군사지배를 계속했다.

[아관파천]했습니다. 아관파천으로 인해 경복궁은 완전히 폐궁이 되고 말았습니다.

일제는 우리 나라를 빼앗은 뒤 경복궁 안의 많은 건물들을 마구 헐고 심지어 팔아치우기까지 했습니다. 가장 대표적인 예가 건춘문 안에 있던 정현각인데 이 건물은 장충동의 남산장 별장으로 옮겨졌다가 현재는 신라호텔의 정문으로 사용되고 있습니다.

일제는 1917년 11월 창덕궁에 큰 불이 나 대조전 등 많은 건물이 불타 버리자 경복궁 안의 교태전을 비롯한 여러 전각을 창덕궁으로 옮겨 버렸습니다. 그러나 그것도 모자라 1926년에는 경복궁 안에 조선총독부 청사를 지어 왕궁을 압도하게 했습니다. 그리고 1927년 9월에는 왕궁의 정문인 광화문을 건춘문의 북쪽으로 옮겨 조선 왕조의 정궁인 경복궁의 맥을 완전히 끊어 버렸습니다.

일제는 이처럼 경복궁 안의 4천여 간의 건물들을 멋대로 팔아 버리거나 철거했으며 1935년부터는 봄마다 일반인들에게 궁성을 공개해 조선 왕조 왕궁의 권위를 말살시켰습니다.

이렇게 조선 왕조의 권위와 위엄의 상징이었던 경복궁은 임진왜란 중에 완전히 불타 버렸고, 그 후 270년만에 다시 세워졌으나 조선 왕조의 멸망과 함께 폐허가 되어 버리고 만 것입니다.

경복궁에 담긴 영욕의 역사는 나라가 국가적 위기에 적절하게 대처하지 못하면 어떻게 되는지를 후손들에게 잘 보여 주고 있습니다.

조선총독부의 첨탑(독립기념관)

격동의 근대사가 담겨 있는 운현궁

구한 말 정치의 중심부

구한말 정치의 중심부였던 운현궁은 고종이 태어나서 12세까지 자랐던 곳입니다. 그러나 우리는 운현궁을 생각할 때 고종보다는 그의 아버지 흥선대원군 이하응을 생각하게 됩니다.

고종의 아버지 흥선대원군 이하응은 순조 20년(1820) 남연군의 넷째 아들로 태어났으며 철종 임금과는 6촌지간으로 엄연한 왕족이었습니다. 그러나 12살에 어머니가 돌아가시

운현궁
사적 제257호로 일제시대를 거치면서 파괴되고 변형되어
그 원형은 알 수 없지만 조선 말기 흥선대원군이 살았다고 한다.

고 17살이 되던 해 아버지마저 돌아가시자 행복하지 못한
어린 시절을 보내게 되었습니다. 그러다 21세 되던 헌종 7
년(1841)에 흥선정이 되었고, 2년 후에는 흥선군에 봉해졌
습니다. 그러나 그 후 왕실의 묘를 관리하거나 종친부의 일
등 한직을 떠돌며 실의의 나날을 보내야 했습니다.

그는 안동 김씨의 세도정치하에 재산도 권력도 없이 막걸
리 대감, 상갓집 개로 놀림을 당하며 수모의 세월을 보냈습
니다. 당시 안동 김씨 세력들은 왕족을 탄압하고 감시했는
데, 똑똑하고 능력이 있는 왕족들은 역모 사건이 있을 때마
다 주범으로 몰려 죽임을 당했습니다. 그래서 흥선군은 야
망과 뜻을 숨기고 장사꾼들이나 시정의 무뢰배와 어울려
다니며 일부러 건달이나 난봉꾼 노릇을 했습니다. 이런 흥
선대원군의 행동은 마치 한
나라 때 장수 한신이 거렁
뱅이 노릇을 한 것과 같았
습니다.

당시는 순원왕후의 동생인
좌의정 김좌근이 권력을 쥐
고 있었는데, 그는 나이가
많은 데다 지혜가 없었습니
다. 그래서 총기가 있었던
양씨라는 나주 기생과 중요

대원군
영조의 5대손이며 조선 제26대 왕 고종의 아버지이다.
아관파천으로 친러 정부가 성립되자 은퇴하였다.

한 국사를 의논하곤 했는데, 이 때문에 그녀의 이름이 서울 장안에 자자하게 퍼졌지만 사람들은 천한 기생이 나라일에 나서는 것을 싫어했습니다. 그래서 그녀를 경멸하는 뜻으로 나합이라 부르며 좌의정 김좌근을 비웃었습니다. 하지만 결국 나합의 권세가 조정을 움직이게 되자 감히 그 뜻을 거스르는 사람이 없었습니다. 그러나 벼슬아치들은 그녀 앞에 무릎을 꿇지도 않았고 반말을 하곤 했답니다. 이 때문에 나합은 양반 집안의 여인이 될 수 없다는 것이 늘 불만이었습니다.

하루는 흥선군이 그녀를 방문했는데 김좌근이 함께 앉아 있었답니다. 김좌근은 흥선군이 어떻게 행동하는지 보기 위해 나합에게 큰절을 하라고 했습니다. 그러자 흥선군은 흔쾌히 승낙을 하고 일어나서 그녀에게 큰절을 하며 "형수님, 안녕하셨습니까?"라고 깍듯이 인사까지 했답니다. 이에 나합은 크게 기뻐하며 그 때부터 흥선군을 중하게 여겼다고 합니다.

그러나 흥선군은 다른 한편으로 두 딸을 조 대비 집안인 풍양 조씨에게 시집 보내는 등 실질적인 인연을 맺고 나라의 가장 높은 어른이었던 조 대비와 가까이 하면서 미래를 준비하고 있었습니다. 그리하여 이하응과 조 대비는 철종이 아들이 없이 죽으면 흥선군의 둘째 아들 명복을 왕으로 삼기로 약속했답니다.

1863년 12월 철종이 사망하자, 그들은 마침내 이하응의 아들 명복을 왕으로 삼았습니다. 하지만 황현의 《매천야록》에는 조금 다른 이야기가 실려 있습니다. 고종이 왕이 된 것은 철종 임금의 뜻과 당시 세도가였던 김병학 · 김병국 형제의 지원으로 이루어진 일이라는 것입니다. 정권을 잡은 후 대원군이 이들 형제를 중하게 쓴 것을 보면 황현의 이야기도 틀리지는 않은 것 같습니다.

고종은 12세의 어린 나이였기 때문에 대왕대비 조씨가 수렴청정을 했으나 실질적으로는 아버지 흥선대원군이 운현궁에서 모든 나라일을 처리했습니다. 이 때부터 운현궁은 한국 정치의 심장부가 되었답니다.

> **● 수렴청정**
>
> 왕이 어린 나이로 왕위에 올랐을 때 어른이 되기까지의 일정 기간 동안 어머니나 할머니인 왕대비 · 대왕대비 등이 나라일을 대신 처리하는 것을 말한다. 대리정치를 한다는 점에서는 섭정과 같지만, 수렴청정은 여자들의 경우에만 해당되는 말이다. 남녀를 엄격하게 구별하던 때였으므로, 왕대비나 대왕대비가 직접 신하들을 대할 수는 없었다. 그래서 발을 치고 그 뒤에서 신하들에게 여러 가지 지시를 내렸기 때문에 수렴청정이라고 하였다. 수렴청정에는 왕의 외가 쪽 친척이 많이 등용될 수밖에 없었는데, 그로 인해 세도정치가 계속되면서 조정에 질서가 없어지고, 왕의 권한이 약해졌다. 그 중에서도 조선 후기 순조 이후 철종 때까지 이어진 안동 김씨의 세도정치로 인한 폐해는 일일이 손으로 꼽지 못할 정도였다고 한다.

2대에 걸쳐 황제가 나오는 땅에 남연군을 묻고

흥선군의 둘째 아들이 고종 임금이 된 것은 할아버지의 묘를 명당 자리에 썼기 때문이라고도 합니다.

당시는 풍수지리설이 유행하여 사람이 죽으면 반드시 좋은 땅을 골라 무덤을 만들었습니다. 왜냐 하면 사람들은 자손이 잘 되고 못 되는 것은 무덤을 만든 땅이 좋고 나쁨에 따라 달라진다고 믿었기 때문입니다.

그러던 어느 날, 평소 알고 지내던 정만인이라는 지관이 흥선군을 찾아와 말했습니다.

"나으리, 충청도 광천 땅에 여러 대에 걸쳐 자손이 번창할 명당 자리가 있고, 덕산 땅에는 2대에 걸쳐 황제가 나올 만한 자리가 있사옵니다. 둘 중 하나를 택하여 선친의 묘를 옮기시면 어떻겠습니까?"

소문으로만 들었던 명당 자리가 정말 있다는 말에 흥선군은 깜짝 놀랐습니다. 흥선군의 반응을 살펴본 지관은 은근히 흥선군을 부추겼답니다.

"나으리, 이왕이면 자손이 계속 번창할 수 있는 자리를 택하소서."

이 말을 들은 흥선군은 조용히 말했습니다.

"여보게, 세도정치로 왕실의 위엄이 땅에 떨어졌는데, 어찌 나만 좋자고 그러겠는가? 나라를 위해서 2대에 걸쳐 황제가 나올 만한 자리가 좋을 듯하네."

며칠 후 흥선군은 은밀히 한양에서 300리나 되는 충청도 가야산을 향해 길을 떠났습니다.

충청도 덕산 고을에 도착한 흥선군은 병풍처럼 펼쳐진 가야산의 산세에 무척 놀랐습니다. 멀리 가야산 서쪽 봉우리 위로 바위 두 개가 문기둥 모양으로 솟아 있는 석문산이 보이고 좌우에는 청룡과 백호의 형상을 한 산줄기가 5리나 계속되고 있었습니다. 그 가운데 유서 깊은 가야사가 자리잡고 있었고 가야사 뒤쪽의 높은 언덕에는 금탑이 찬란하게 빛나며 우뚝 서 있었습니다.

"나으리, 저 금탑이 있는 자리가 바로 명당이옵니다."

지관의 말을 들은 흥선군은 얼른 경사진 길을 올라가 구경꾼처럼 절을 둘러보았습니다.

한양으로 돌아온 흥선군은 며칠 동안 자리에서 꿈쩍도 하지 않았습니다. 왜냐 하면 폐사도 아닌 절의 웅장한 탑 자리에 묘를 이장하는 일이 쉽지만은 않았기 때문입니다.

그러던 어느 날, 흥선군은 가야골이 영조 때 판서를 지낸 윤봉구의 집터임을 알아내고, 윤 판서의 후손에게서 부친의 묘를 이장할 땅을 빌렸습니다.

그 터는 금탑 자리가 아니라 탑 뒤의 산기슭으로 구광터라고 불리는 곳이었습니다.

남연군의 묘가 있던 경기도 연천에서 가야골까지는 500리나 되었는데, 흥선군은 왕족답게 새로 만든 상여에 많은 사람들을 동원하여 부친의 묘를 이장했습니다. 그리고 일단 구광터로 묘를 옮긴 후 며칠 뒤 가야사의 주지 스님을 만나 말했습니다.

"주지 스님, 왕실에서 이 절터를 쓰고자 하니 절을 불사르시오."

이 말을 들은 스님은 깜짝 놀라 말했습니다.

"나으리, 어찌 우리 손으로 법당을 불사를 수 있겠습니까?"

"그렇다면 그냥 떠나 주시오."

스님들이 절에서 떠나고 난 다음 날 아침 해가 돋았을 때에는, 천 년이나 된 유서 깊은 가야사는 이미 잿더미가 되어 있었습니다. 오직 절 뒤의 금탑만이 아침 햇살을 받아 찬란히 빛나고 있었습니다. 흥선군은 보웅전에 모셔져 있던 철로 만든 불상 3개가 녹아서 쇳덩어리가 된 것을 보고는 절 뒤에 잘 묻었습니다. 이제 남은 일은 금탑을 부수고, 그 자리에 묘를 쓰는 일뿐이었습니다.

헌종 12년(1846), 흥선군은 세 형과 함께 아버지의 묘를 이장하기 위해 덕산 고을 민가에 머물렀는데, 하룻밤 자고 난 세 형님들이 잠자리에서 일어나더니 모두 근심어린 표정을 짓는 것이었습니다. 세 형님 모두 꿈에 흰 도포를 입은 노인을 만났다는 것입니다.

큰 형님이 꿈에서 본 그대로를 이야기했습니다.

"나는 탑신이니라. 너희들은 어찌하여 내 자리를 빼앗느냐? 만약 끝내 내가 살고 있는 곳에 묘를 이장한다면, 너희네 형제는 망하게 될 것이니라."

그러나 이야기를 듣고 난 흥선군은 오히려 큰 소리로 말했습니다.

"형님들, 그렇다면 그 곳은 명당 자리가 틀림없습니다! 그리고 인간의 목숨은 하늘에 달려 있는데, 탑신이 우리를 어떻게 할 수는 없을 것입니다!"

흥선군은 날이 밝자마자 혼자 금탑을 깨뜨려 버리고 그 곳
에 부친의 묘를 이장했습니다. 묘를 이장한 후, 정말 둘째
아들 명복은 고종 황제가 되었고, 손자
는 순종 황제가 되었습니다. 그리하여
흥선군은 옛 가야사 자리에 보덕사라
는 절을 지어 금탑의 은혜에 보답했답
니다.

그러나 뒷날 남연군의 묘는 독일 상인
오페르트에 의해 도굴당할 뻔하여 흥
선대원군이 쇄국정책을 강화하는 계기
가 되었습니다.

❂ 쇄국정책

다른 나라와 통상·교역 등 외교 관계를 트지 않거나 제한
하는 정책. 쇄국정책의 목적은 외부로부터의 위협을 막아
정치적·경제적 불안이나 어려움을 이겨 내려는 데 있다.
조선 말기 흥선대원군이 편 쇄국정책이 대표적인 예로서 그
는 나라의 정사를 맡자, 청나라를 제외한 다른 나라들과의
교류를 일체 허용하지 않고, 자체의 제도개혁에만 힘을 기
울였다. 특히 가톨릭교의 전래를 엄격히 탄압했다. 그러나
마침내 근대 자본주의 국가로 성장한 열강의 공세를 받아,
수습책을 마련하지 못한 채 일본의 침략을 스스로 불러들이
는 결과를 빚었다.

고종이 임금이 된 후 운현궁이라 불리워

흥선군이 살던 집은 고종이 임금의 자리에 오른 뒤에 대지
가 넓어지고 건물도 크게 확장되었습니다. 그리고 그 때부
터 운현궁이라 불렸습니다. 현재 남아 있는 건물들은 대부
분 흥선군이 대원군이 된 이후인 1863~1873년에 지어진
것이랍니다.

운현궁은 원래 궁궐만큼 웅장했다고 합니다.

운현궁의 바깥채에는 대원군이 늘 지내던 노안당과 아재당

이 있었는데, 아재당은 '내가 있는 곳' 이라는 뜻으로 이렇게 이름지었다고 합니다. 그러나 아재당은 지금은 헐리고 '아재당' 이란 편액만 노안당 동남쪽 누마루 위에 걸려 있어 옛날의 화려했던 모습을 말해 주고 있습니다. 그리고 노안당은 대원군이 죽음을 맞이한 곳인데, 대원군은 노안당 속방에서 죽는 마지막 순간까지도 "주상을 한 번만 봤으면 죽어도 여한이 없겠다.", "어가가 거둥하였느냐?"며 애타게 아들 고종을 기다렸답니다. 그러나 고종은 끝내 오지 않았고 대원군은 쓸쓸하게 눈을 감았다고 합니다.

안채에는 운현궁에서 가장 크면서도 중심이 되는 건물인 노락당이 있는데, 이 건물은 명성황후가 왕비 수업을 받고 고종과 결혼식을 올린 곳이기도 합니다. 노락당 북쪽에는 이로당이 있는데, 이 곳은 ☐ 자형의 특이한 건물로 가운데에는 조그마한 뜰이 있고 여성들만 사용하는 공간이었기 때문에 바깥 남자들은 들어올 수 없었습니다. 안뜰에는 고종이 어린 시절 오르내리며 놀았다는 늙은 소나무가 있었는데 고종이 왕위에 오른 뒤 이 소나무에 정2품의 벼슬을 내려 '대부송' 이라고 부르기도 했지만 지금은 불타 없어졌답니다.

정2품 소나무

흥선대원군은 백성들이 가장 신뢰하는 정치인

한창 전성기일 때의 운현궁에는 큰 대문이 네 개나 있었다고 합니다. 그러나 지금은 솟을대문 하나만 남아 있는데 이 솟을대문은 처음엔 거꾸로 달려 있었는데 지금은 원래대로 되돌려 놓은 것이라고 합니다. 이 대문이 왜 거꾸로 달렸었는지 아는 사람은 아무도 없지만 대원군이 권력을 잃은 뒤 민씨 일파가 대원군을 가둬 두기 위해 만들었다고 생각하는 사람들이 많습니다.

동학 농민봉기 때 농민군이 대원군을 추대하고 민씨 척족을 숙청하여 국정을 쇄신하려 했기 때문에 민씨 일파로서는 대원군을 가둬 둘 필요가 있었습니다. 그래서 대

솟을대문

원군이 마음대로 나다니지 못하게 하기 위해 솟을대문을 거꾸로 단 것일 수도 있다는 것입니다.

대원군은 섭정에서 물러난 뒤에도 백성들이 가장 믿고 의지하는 정치인이었습니다. 임오군란이 끝난 후 청나라에 끌려가서 3년이나 갇혀 있다 돌아왔을 때에는 대원군을 환영하기 위해 굉장히 많은 백성들이 모여들었다고 합니다.

운현궁과 대궐 사이에는 대원군만이 다닐 수 있는 공근문이 있었고 창덕궁과 운현궁 사이에는 고종만이 다닐 수 있는 경근문이 있었습니다. 하지만 대원군은 대부분 나라일을 운현궁에서 보았습니다. 그는 나라일을 국왕의 허락을 받지 않고 '대원위분부' 라고 하여 집행하였는데 이로 인해 운현궁은 고종이 친히 나라일을 보기 전까지 10년 동안 자연스럽게 정치의 중심부가 되었습니다.

백성들의 고충을 덜어 주는 정치 개혁

대원군은 집권한 뒤 나라를 새롭게 하기 위해서 여러 가지 일들을 했는데, 먼저 유능한 인재를 골라 쓰고, 부패하고

무능한 관리들을 쫓아 냈습니다. 그는 당색을 떠나 세도정
치 기간 동안 소외되었던 소론·남인·북인계 사람들을 골
고루 관직에 등용했고 평민이나 아전·중인이라도 능력이
있으면 심복으로 삼거나 중요한 자리에 등용했습니다. 이
런 탕평적인 인사정책은 붕당정치의 나쁜 점을 없애려 한
것이었습니다.

대원군의 과감한 개혁 정책 가운데 가장 돋보이는 것은 서
원을 없앤 일이었습니다.

당시 1,000개 정도 되었던 서원은 폐단이 매우 심해서 백
성들의 원성이 자자했습니다. 그리하여 대원군은 도산서
원·소수서원 등 47개 서원만 남기고 나머지 서원을 없앴
습니다. 그러자 전국의 유생들이 불같이 일어나 전국에 소
식지를 돌리며 서원 철폐에 항의하였고 대궐 문 앞에 모여
시위를 했습니다.

"대감 마님, 지금 궐 밖에 유생들이 떼지어 몰려와 서원을
다시 열게 해달라고 항의하고 있습니다."

그러자 대원군은 결연한 목소리로 명령했습니다.

"백성들의 생활을 해롭게 하는 자라면, 비록 공자가 살아온
다 해도 용서하지 않을 것이오."

결국 대원군은 서원을 없애고 말았습니다. 그러나 서원 철
폐는 대원군이 권력을 잃어버리는 가장 큰 원인이 되었고
유학자들이 대원군의 업적을 부정적으로 기록하는 계기가

되었으며 오늘날까지도 대원군을 탐욕스러운 정치인이자 고집불통의 쇄국주의자라고 생각하게 만들었습니다.

한편 대원군은 심각한 문제였던 삼정(三政)의 폐단을 개혁하려 했는데, 먼저 군정의 문제를 해결하기 위해 호포법을 실시했습니다.

평민 남자들이 군에 입대하는 대신 한 사람 당 1필씩 내던 균역법 대신 신분에 관계없이 양반도 모두 한 집 단위로 호포를 내게 했습니다. 이것은 백성들의 부담을 줄이고 양반의 부담을 늘리기 위한 일이었습니다. 그리고 실제 농사짓는 땅을 조사하여 양반들의 토지에도 철저히 세금을 물리고 왕실의 소유인 궁방전에도 세금을 물렸습니다. 또 고리대금의 성격을 없앤 사창제를 도입하여 환곡의 폐단을 바로잡으려 했으며, 이러한 삼정의 개혁으로 백성들의 고충과 불만을 덜어 주고 국가 재정도 튼튼히 할 수 있었습니다.

> ### ☯ 삼정(三政)의 폐단
>
> 조선시대 국가 재정의 근본을 이룬 전정·군정·환곡제도의 부패상을 이르는 말. 전정은 토지에서 받아들이는 전세와 삼수미·대동미 및 각종 부과세를 말하며 군정은 군역 대상자들이 바치는 군포를, 그리고 환곡은 나라의 곡식을 봄에 가난한 농민에게 꾸어 주었다가 가을에 이자와 함께 받아들이던 것을 말한다. 조선 후기의 세도정치하에 지방 관리들이 이 삼정을 운영하기 시작하면서 사리사욕을 채우는 수단으로 삼아 농촌 생활이 크게 어지러워져 농민 반란이 일어나게 되었다.

조선 왕조의 마지막 촛불이었던 대원군

대원군은 개방을 요구하는 서구 열강에 맞서 철저히 나라의 문을 닫는 쇄국정책을 실시했습니다.

서양 선박은 18세기 말부터 조선 해안에 나타나기 시작했는데, 대원군이 집권할 무렵에는 더욱 빈번해져 병인양요와 신미양요를 일으키기도 하였습니다.

병인양요는 1866년 프랑스 함대가 강화도를 공격하는 사건을 말하는데, 이 사건은 서양 열강이 무력으로 조선을 침범한 최초의 사건이었습니다. 또 1871년에는 미국 군대가 강화도를 공격하여 광성진에서 치열한 전투를 벌였는데〔신미양요〕결국 조선 군대가 승리하게 되었습니다.

두 전쟁 이후 대원군은 쇄국정책을 더욱 강화하였고 미국의 침략을 물리친 신미년에는(고종 8년 1871) 척화비를 세우기도 했답니다.

대원군은 척화비의 앞면에 '서양 오랑캐가 쳐들어오는데 싸우지 않으면 화친하는 것이요, 화친을 주장하는 것은 나

척화비
흥선대원군이 서양 세력의 침략을 경계하기 위해 세운 화강암으로 만든 비석이며 지방기념물 제18호로 지정되어 있다.

광성보 안해루
1871년 신미양요 때 가장 치열했던 격전지로 사적 제227호이다.

라를 팔아먹는 매국 행위이다.'라고 썼고 옆면에는 '우리들
만대 자손에게 경고하노라. 병인년에 만들어 신미년에 세
운다.'라고 썼습니다.

척화비는 이후 고종 19년(1882) 임오군란으로 대원군이 청
나라에 잡혀갔을 때 일본 공사의 요구로 철거되었지만 해
방 후 뜻있는 사람들이 척화비 중 일부를 찾아 다시 세움으
로써 지금까지 전해 내려오고 있는 것입니다.

대원군의 개혁정치는 한 마디로 왕실의 권위를 회복하고
왕권을 강화하기 위한 것이었습니다. 그 중에서도 경복궁
을 다시 세운 일은 왕실의 권위와 위엄을 과시하기 위한 대
표적인 사업이었습니다.

이 밖에도 의정부, 종묘, 종친부, 육조 이하 각 관아와 도성
및 북한산성을 수축하여 수도 서울의 면모를 일

북한산성
사적 제162호로 백제시대의 산성이지만 조선시대(숙종 37) 때
대대적인 축성공사를 하여 현재는 그 형체만 남아 있다.

신하였습니다.

이러한 사업들은 역대 국왕들이 하려고 했었지만 재정이 없어서 못했던 일들이었습니다. 그러나 대원군은 외세의 침입 속에서도 경복궁을 중건해 오로지 조선 왕조의 권위를 회복시키려 했습니다.

조선 왕조의 마지막 촛불이었던 대원군이 살던 운현궁은 대원군이 권력을 가지고 있을 때는 관심의 대상이 되었지만 대원군이 1898년 세상을 뜨면서 사람들에게 잊혀졌습니다. 운현궁의 구조와 규모도 조선 왕조와 함께 운명을 같이 한 것입니다.

이렇게 운현궁은 일제시대를 거치면서 파괴되고 변형되어 원형을 제대로 알 수 없게 되어 지금은 노안당 · 이로당 · 노락당과 대원군의 손자인 이준용이 1910년에 지은 서양식 집만 남겨져 있습니다.

서원의 나라, 조선

최초의 서원은 주세붕이 세운 백운동 서원

서원이란 조선 중기 이후 사림파가 학문을 연구하고 선현들을 모시기 위해 만든 사설 교육기관이자 향촌 자치기구입니다.

우리 나라 최초의 서원은 중종 37년(1542)에 세워진 백운동

소수 서원
한국 최초의 서원으로 조선시대 사학의 중심이 되었으며 봄과 가을에 향사를 지낸다.

서원인데, 주세붕이 고려 말의 학
자 안향을 제사 지내고 유생들을
가르치기 위해 경상도 순흥에 세운
것입니다. 백운동 서원이란 이름은
주자학을 집대성한 중국 남송의 주
희가 세운 백록동 서원을 본뜬 것입니다.

일찍이 주세붕은 목사 안휘에게 보낸 편지에서 '부임한 지
며칠만에 옛 순흥부에 이르렀는데 소 한 마리가 울고 있었
다. 이 곳은 문정공 안축이 '죽계별곡'을 지은 곳이다. 거북
모양의 산 아래에 죽계가 있으며, 구름에 감싸인 산, 소백
산으로부터 흘러 내려오는 물 등이 백록동 서원의 경치보
다 뛰어나다. 흰구름이 항상 골짜기에 가득하므로 백운동
이라 이름짓고 비로소 사당을 세울 뜻을 갖게 되었다.'고
하였습니다.

이후 백운동 서원은 풍기 군수로 부임한 이황이 조정에 사
액을 청하여 소수 서원이라는 명칭을 받았습니다. 이황이
조정에 사액을 청한 것은 세상의 도가 약해지고 선비의 올
바른 풍습이 사라졌다고 생각했기 때문입니다. 그는 여러
차례에 걸친 사화로 흐트러진 민심을 수습하기 위해서는
올바른 학문, 참다운 성리학이 발전해야 한다고 생각했습
니다. 그러기 위해서 지방의 의욕적인 선비들에게 성리학
을 가르치려 했던 것입니다. 당시에는 군현마다 향교가 있

었고 중앙에는 최고의 교육기관인 성균관이 있었으나 향교
나 성균관 모두 제 기능을 다하지 못하고 있었으므로, 그는
올바른 교육을 위해 서원을 세우려 한 것입니다.

소수 서원에 사액과 책노비가 내려지자, 국가의 지원을 받
은 서원이 여러 곳에 설치되었습니다.

이황은 서원을 세우는 데 주도적인 역할을 하였습니다.

경치 좋고 한적한 곳에 세워져

서원은 배움의 장이고 선현을 받들어 모시던 곳이므로 대
체로 세속에서 벗어나 공부에만 전념할 수 있는 경치 좋고
한적한 곳에 세워졌습니다. 맹자의 어머니가 맹자를 교육

도산 서원
이황은 예문관 대제학의 자리에까지 올랐으나
1559년에 물러나 다음 해 현 안동군 도산면에 도산 서원을 세워
이후 학문과 교육에 전력을 쏟았다.

시키기 위해 세 번이나
이사한 것을 보아도 환
경이 공부하는 데 얼마
나 중요한 지를 알 수
있을 것입니다.

퇴계선생 친필

이황
율곡 이이와 함께 우리 나라 최고의 성
리학자로 시와 글을 잘 썼으며 겸허한
성격을 가진 대학자였다고 한다.

이황이 서원을 세우면서 "서원은 성균관이나 향교
와 달리 산천이 아름답고 한적한 곳에 있어 유혹
에서 쉽게 벗어날 수 있고, 교육적 성과도 크다."
고 한 데서도 서원이 경치 좋은 곳에 세워진 이유
를 잘 알 수 있습니다.

서원은 또한 절터나 퇴락한 사찰이 있던 곳, 모셔진 선현의
연고지 등에도 세워졌습니다. 순흥의 소수 서원은 성리학
을 처음 소개한 안향의 고장이며, 순천의 옥천 서원은 무오
사화 때 순천으로 유배되었던 김굉필의 학덕을 추모하기
위해 세워진 것입니다. 어떤 서원들은 서원에 배향된 선현
들이 살아 있을 때 세웠던 서당이 발전하여 된 경우도 있습
니다. 도산 서당은 이황이 살아 있을 때 제자들에게 글을
가르치던 곳이었는데 이황이 죽자 제자들이 도산 서당 옆
에 사당을 세우고 교육 시설을 갖춘 뒤 도산 서원을 꾸민
것입니다.

서원은 조선 중기 이후 엄청나게 증가하였는데 조선 후기
실학자 정약용은 《목민심서》에서 '읍마다 수십 개의 서원

이 있었다.'고 증언하고 있습니다. 《민족문화대백과사전》
을 보면 선조 때에는 120여 개 서원이 세워졌고, 숙종 때에
는 6백 개 이상의 서원이 세워졌으며 19세기에 와서는 900
여 개에 이르렀다고 합니다.

조선은 서원의 천국

서원은 중국에서 처음 세워지기 시작했으나 중국은 우리
나라보다 서원의 숫자가 훨씬 적었습니다. 중국의 서원은
송나라 때부터 명나라 때에 걸쳐 가장 많이 세워졌는데, 모
두 합해도 3백~4백여 개 정도라고 합니다. 이와 비교해 보
더라도 조선은 서원의 천국이라 할 만합니다.
조선 왕조는 건국 직후부터 문신정부를 세우려 했습니다.
그래서 정부 주도로 중앙과 지방에 관학을 세웠고 조정과
신흥사대부는 조선 왕조를 튼튼히 하기 위해 불교를 억제하

성균관 명륜당
성균관의 유생들이 글을 배우고 익혔던 곳이다.

고 유교를 진흥시키려 했습니다. 조선 왕조에서 유교를 지도 이념으로 내세운 데에는 그만한 이유가 있었습니다. 유교는 임금과 신하, 양반과 상민, 주인과 노비의 신분질서를 강화시켜 주기 때문입니다. 그래서 조선 왕조는 유교적 윤리관을 기본으로 삼는 윤리 정치를 이상으로 내세워 성균

향교
조선시대 때 지방에 설립한 관학 교육기관으로 1894년 과거 제도의 폐지와 함께 이름만 남게 되었다.

관·4학·향교 등 관학교육을 강화하고 유학 서적을 보급하는 데 힘썼습니다.

향교와 4학은 중등교육을 담당했고, 성균관은 고등교육을 담당했으며 초등교육은 집에서 개인 교습을 하거나 서당에서 실시하였습니다. 성균관의 정원은 2백 명이었고 4학에는 각각 1백 명이 입학할 수 있었으며 향교의 정원은 군현의 크기에 따라 30명부터 90명에 이르기까지 차이가 있었습니다. 따라서 330여 군현의 향교와 4학 및 성균관에 입학할 수 있는 정원은 모두 1만 5천 명이나 되었습니다. 이들 학생들은 군역을 면제받았기 때문에, 관학은 조선 초기 수십 년 동안 중요한 교육기능을 담당했습니다.

그러나 15세기 후반이 되면서 관학은 점차 쇠퇴하기 시작했습니다. 세조가 왕위에 오르면서 양식 있는 지식인들이

관학에 가기를 싫어했기 때문에 성균관
이나 향교의 학생들이 줄어들고 그나마
남아 있는 학생들은 대개 학문에는 뜻
이 없고 벼슬에나 관심있는 무능한 학
생들이었습니다.

이렇게 관학의 질이 떨어지면서 사립학교인 서원이 생겨나
기 시작하였는데 주로 사림파들이 서원을 만들었습니다.

세조가 단종의 왕위를 빼앗자 사림은 두 임금을 섬기지 않
는다는 '불사이군(不事二君)'을 내세워 정치에 참여하지 않
았습니다. 그러나 성종 때부터는 현실을 인정하고 중앙 정
계에 진출하기 시작하였습니다. 이렇게 사림 세력들은 주
자학을 믿으며 도덕과 의리를 숭상하는 왕도정치를 추구하
였습니다. 이러한 사림의 정치 목표는 비리와 부정에 젖어
있던 훈구 세력의 미움을 사기에 충분했습니다.

훈구 세력들은 세조가 단종의 왕위를 빼앗는 것을 도와 높
은 지위와 많은 토지를 차지한 사람들입니다. 그들은 부귀
영화와 정치적 실권을 함께 쥐고 있었고 이들 훈구 세력들
은 기득권을 위협하는 사림을 물리치기 위해 사화(士禍)를
일으켰습니다.

무오사화(1498년), 갑자사화(1504년), 기묘사화(1519년), 을
사사화(1545년) 등 네 번에 걸친 사화로 큰 타격을 입은 사
림은 세력을 키우려고 했습니다. 그리하여 그들은 향촌에

깊이 뿌리내리고자 유향소를 다시 세우고 향약을 전국적으로 실시하려 했습니다. 그러나 훈구 세력의 방해로 쉽게 뜻을 이룰 수 없었습니다. 이에 사림은 세력을 키우기 위해 서원을 설치하고자 했습니다. 왜냐 하면 서원은 교육기관이었기 때문에 훈구 세력의 견제를 피할 수 있었고 다행히 조정에서도 유교를 숭상하였기 때문에 서원을 세우는 데 적극 지원해 주었습니다. 그 결과 명종(1545~1567) 말기에 20여 개의 서원이 세워졌는데, 절반 정도는 퇴계 이황이 주도하여 세운 것이라고 합니다.

인재를 교육하고 제사를 지내던 곳

명종 임금 때에는 훈구파가 정권을 잡고 있었기 때문에 사림파는 훈구 세력의 눈치를 보아야만 했고 서원에서도 주로 인재를 교육하는 일만을 했습니다.

교육 내용은 주로 성리학적이고 도학적인 것이었습니다. 이것은 관학과 달라서 자율성과 특수성이 존중되었습니다. 대체로 소학, 대학, 논어, 맹자, 중용, 시경, 서경, 주역, 춘추의 순서대로 공부를 가르

맹자, 대학 등 고서
남송의 주희는 〈맹자〉 〈대학〉 〈논어〉 〈중용〉을 사서(四書)로 삼아 중요시여겼다.

쳤습니다. 오늘날처럼 원생들이 출석했는지를 확인하고 성적도 평가하는 생활기록부도 있었고, 향촌 사회의 도서관으로서 책을 보관하고 모으는 역할도 했습니다.

서원은 교육 외에 제사를 지내기도 했는데 봄과 가을에 지내는 제사는 선현을 통해 바람직한 인간상을 제시하는 행사였습니다. 서원에 모셔지는 인물은 학덕이나 충절과 의리가 뛰어난 모범적인 인물들이었답니다. 하지만 서원이 처음 세워졌을 때는 교육이 주목적이었으며 제사는 두 번째 일이었습니다.

붕당정치를 위해 의견을 모으는 곳

서원이 본격적으로 세워지기 시작한 것은 사림파가 중앙에 진출한 선조 임금 이후부터였습니다. 사림들은 지방에 있던 서원을 중심으로 의견을 모아 붕당정치를 하기 시작했는데, 이 때부터 서원의 숫자가 급격하게 늘어나기 시작했습니다.

서원은 중앙의 정치문제를 일차적으로 의논하고 의견을 모으는 장소가 되었습니다. 이는 유향소·향약 등이 점차 제기능을 발휘하고 지방의 의견이 중앙정치에 본격적으로 영향을 미쳤기

> **◑ 유향소**
>
> 고려 말부터 조선시대에 지방 수령을 보좌하던 자문 기관. 향소·향청·향소청이라고도 하였다. 유향소는 벼슬에서 은퇴한 사람을 우두머리로 뽑아 고을의 풍기를 단속하고 향리의 악폐를 막는 등 민간 자치의 역할을 맡았다. 그러나 점차 세력이 커져 지방 수령과 대립하게 되었고, 세조 때(1467) 일어난 이시애의 난에 가담한 유향소가 많이 있는 등 폐단이 드러나자 한때 폐지되기도 하였다. 그러나 이미 뿌리를 내린 유향소는 쉽게 없어지지 않았고, 1488년(성종 19)에 다시 부활된 뒤 사림 양반들의 향촌 지배 본거지가 되었다.

때문입니다. 이제 서원은 교육하고 제사 지내는 곳만이 아니라, 양반들이 모여 국가의 중요한 문제를 의논하는 곳이 되었습니다.

예를 들어 현종 임금이 돌아가시자 상복을 입는 것을 두고 의견이 분분하였는데 이를 '예송(禮訟) 시비'라고 합니다. 이 때 남인은 영남 지역의 서원을 중심으로 의견을 모아 1천여 명이 상소를 올리기까지 했습니다. 그 결과 남인은 마침내 송시열이 우두머리였던 서인을 내쫓고 정권을 차지할 수 있었습니다.

17세기 이후 당쟁이 심해지고 문벌과 학벌이 점차 강조되자 서원의 수도 엄청나게 늘어났습니다. 사림들이 자기 쪽의 인물들을 제사 지내는 서원을 많이 세웠기 때문입니다. 예를 들어 숙종 6년(1680)에 다시 정권을 잡은 서인들은 영남 출신 남인들이 서원을 너무 많이 세웠다고 지적하였는데, 《숙종실록》 7년 6월조에 '영남에 세워진 서원의 수가 지나치게 많습니다. 한 읍에만도 7~8개가 있고 한 도에는 80~90개가 있습니다.' 라고 기록되어 있는 것을 봐서도 알 수 있습니다.

이렇듯 서원이 당파를 뒷받침하는 역할을 하자 서원 원장직도 중앙의 고위 관료들이 맡게 되었고 서원의 유생들이 하던 유사직도 향유사(鄕有司)와 진진유사(縉紳有司)로 나뉘었습니다. 향유사는 유생이 맡고, 진진유사는 당상관 이상의 고

급 관료가 맡았는데 이렇게 중앙 관료가 서원의 직책을 맡게 되자 향촌에 머물러 있던 사림들은 중앙 정계에 진출하는 데 많은 도움을 받았고 중앙 관료들은 정책을 결정하는 데 있어 향촌 사림의 지지를 얻을 수 있게 되었습니다.

문중 제사와 교육을 담당하는 문중 서원도 세워져

서원이 많이 만들어지자 이제는 문중 단위의 가묘(家廟)도 만들어졌습니다. 바로 문중 서원(門中書院)이 세워지기 시작한 것입니다.

임진왜란과 병자호란 이후 양반들은 향촌 사회를 다시 일으켜 세우기 시작했습니다. 이들은 자신의 가문을 튼튼히 하기 위해 동족부락을 형성하였고, 혈연을 배경으로 족계(族契)를 만들었습니다. 족계는 동족간의 친목을 도모하고 서로 도우며 선조들을 제사 지내는 데 목적이 있었지만 사림들은 향촌 사회에서 가문이 인정받으려면 자제들을 교육할 기관을 세워야 한다고 생각했습니다.

그리하여 서원은 점차 교육보다는 제사를 지내는 기능을 더 중시하게 되었고 모시는 인물들도 고관이나 의로운 선비·효자까지 확대되었습니다. 서원은 이제 한 가문의 조상을 제사 지내면서 자제들을 교육하는 기관으로 변하기 시작한 것입니다. 가문의 뛰어난 조상을 서원에 모시는 것

제사 지내는 모습

이 가문의 권위를 세우는 일이라고 생각했기 때문입니다.
결국 17세기 후반 이후 동족 집단은 뛰어난 조상이나 충효
인물까지 모시는 서원을 앞다투어 설립하게 되었습니다.
그 결과 조선 후기에 이르면 정약용이 말한 대로 읍마다 수
십 개의 서원이 세워질 정도로 조선은 서원의 나라가 되었
습니다.

대표적인 백성 수탈기관, 화양동 서원

서원은 조선 후기에 들어서면서 점차 백성들을 괴롭히는
기관으로 변하였습니다. 그 중 가장 대표적인 서원이 화양
동 서원입니다.

화양동 서원은 서인과 노론을 이끈 유명한 정치가인 송시열을 모시기 위해 세워졌습니다.

송시열은 붕당정치의 우두머리로서 희빈 장씨가 낳은 아들을 원자로 책봉하는 데 반대했다가 사약을 받은 인물입니다. 송시열이 정읍에서 사약을 마실 때 전국 각지에서 모여든 유생들이 수천 명이나 되었다고 합니다. 그들은 송시열의 죽음을 지켜 보며 남인에 대한 철저한 복수를 다짐했습니다. 그리하여 노론은 다시 정권을 잡은 지 1년여만에 화양동 서원을 세우고 그 곳에 송시열을 모셨습니다.

화양동 서원은 국가로부터 20결의 토지와 많은 노비를 받아 경제적으로 풍요했습니다. 특히 노론이 집권했을 때는 공자를 모신 문묘에 송시열이 받들어 모셔지면서 서원의 힘은 날로 커졌습니다. 그러나 노론이 계속 정권을 잡으면서 화양동 서원은 점점 타락해 갔습니다. 가장 대표적인 문제 서원이 된 것입니다.

화양동에서 발행한 문서는 검은 도장을 찍기 때문에 '화양묵패' 라 불렸는데 처음 화양묵패는 서원의 일을 하기 위한 문서에 불과했으나 화양동 서원이 국가 권력을 등에 업은 후부터 공포의 문서가 되었습니다.

화양묵패는 주로 이 서원이 제사에 쓸 비용인 제수전을 징수한다는 명목으로 각 고을에 보내곤 했는데, 한 번 묵패가 발행되면 지방관일지라도 감히 거역하지 못했고 수령들이 이를 거부할 경우 통문을 돌려 축출하였습니다.

백성들도 일단 묵패를 받게 되면 논밭을 팔아서라도 바쳐야 했습니다. 만약 돈을 구하지 못하면 화양동 서원에 끌려가서 돈을 마련할 때까지 강제로 갇혀 있거나 죽음을 당해야 했습니다.

이렇게 서원은 양반들이 자신들의 신분적 지위나 향촌 내에서의 사회적 지위를 악용하는 수단으로 변해 갔고 풍속을 교화시키고 사회 기강을 세운다는 명목하에 양반들의 이익을 대변하게 되었습니다. 서원이 많이 만들어지자 향교의 교육 기능은 더욱 약화되어 군역을 도피하는 곳이 되기도 했습니다.

이렇게 서원의 폐단이 심해지자 결국 흥선대원군은 1871년에 47곳만 남기고 모든 서원을 문닫게 하였던 것입니다.

아버지 사도세자를 애도하며 지은 수원 화성

강력한 군주를 추구했던 사도세자의 비극

불국사 석굴암, 해인사 팔만대장경, 종묘 등에 이어 1997년 수원 화성이 마침내 세계 문화유산으로 지정되었습니다. 세계 문화유산 집행위원회는 수원 화성을 동서양을 통틀어 고도로 발달된 과학적 특성을 고루 갖춘 근대 초기 군사 건축물이라고 밝히고 있습니다.

수원 화성은 이처럼 18세기의 군사 건축물을 대표하는 세계적 유물이기도 하지만 비운의 왕세자였던 사도세자와 그의 아들 정조 임금의 이야기가 얽혀 있어 더욱 의미있는 건축물입니다.

수원 화성
사적 제3호로 읍성의 방어력을 강화하여 만든
조선 후기의 성이며 둘레가 520m이다.

사도세자는 부인 혜경궁 홍씨가 쓴 《한중록》이라는 책 때문에 우리들에게도 잘 알려져 있습니다. 혜경궁 홍씨는 《한중록》에 남편 사도세자가 아버지 영조의 사랑을 받지 못하여 정신병이 생겨서 죽었다고 기록하고 있습니다. 그러나 사도세자는 혜경궁의 아버지 홍봉한이 우두머리로 있던 노론과 정치적으로 맞서다가 자신의 아버지 영조에 의해 뒤주 속에 갇혀 죽게 된 인물입니다.

영조는 조선시대 임금 중 51년 7개월이라는 가장 오랜 기간 동안 왕위에 있었던 임금입니다. 이 기간 동안 조선은 안정 속에 실학을 꽃피울 수 있었습니다.

노론과 소론의 다툼 속에서 왕위에 오른 영조는 붕당의 나

● 탕평책과 붕당정치

붕당정치는 붕당(이해나 주의 등이 같은 사람끼리 모인 단체)을 만들어 나라를 이끌어 갔던 조선 중·후기 이후의 정치 운영 형태를 말한다. 왕을 최고 통치자로 섬기면서도 관료들이 뭉친 붕당이 2개 이상 공존하고 경쟁하면서 국정을 이끌었다. 그러나 붕당간의 갈등으로 국리나 민복보다 자기 당파의 이익을 앞세우게 되면서 큰 폐해를 낳기도 하였다. 16세기 사림파 사이에 동·서 분당으로 갈리면서 시작되어 조선 후기까지 계속되었다. 이렇게 붕당의 폐해가 심해지자 영조 임금은 탕평책을 펼쳤다. 원래 탕평이라는 말은 '어느 한 편에도 치우치지 않는 왕의 지극히 공정한 정치'를 뜻한다. 당쟁을 몸소 겪고 왕위에 오른 영조는 당쟁의 해를 막고, 양반 계급의 세력 균형을 위해 각 당파의 인재를 고루 뽑아 썼으며, 유생들에게 당론을 금하게 했다. 이어 1742년(영조 18)에는 성균관 입구에 탕평비를 세워 유생들에게 한 편에 치우치지 않고 자기 당파를 이루지 않는 군자의 도를 익히도록 권하였다.

탕평비
영조가 붕당을 경계하고 탕평책을 알리기 위해 세운 비로 현재 성균관대학교 안에 있다.

쁜 점을 잘 알고 있었기 때문에 어느 한 당에 의지하지 않고 여러 당의 사람들과 나라일을 함께 의논하는 탕평정치를 펼쳐 왕권을 강화하고 나라를 안정시켰습니다.

그러나 노론과 소론의 다툼이 완전히 그친 것은 아니었습니다. 그들은 기회만 있으면 정권을 독점하려 했고 급기야 사도세자 사건을 일으켰습니다.

영조에게는 효장세자와 사도세자 두 아들이 있었는데 큰아들 효장세자는 일찍 죽었기 때문에 왕위를 이을 사람은 사도세자뿐이었습니다. 다행히 사도세자는 천성이 어질고 너그러운 데다가 기골이 장대하여 장난감 무기를 가지고 전쟁놀이를 즐겨 할 만큼 어려서부터 무사적 기질이 뛰어났다고 합니다.

영조는 55세가 되던 1749년, 건강이 나쁘다는 핑계로 사도세자에게 대신 나라일을 보게 했습니다. 사도세자에게 탕평정치를 빨리 익히게 하려고 대리청정을 시킨 것이었습니다. 영조는 세자에게 늘 당론을 타파해야 한다는 탕평의 뜻을 가르쳤는데, 결국 이 대리청정 때문에 사도세자는 뒤주 속에서 죽게 되었답니다.

세자가 대신 나라일을 보자 남인과 소론 세력은 이를 기회로 정권을 잡으려고 했습니다. 그러나 노론 세력과 정순왕후 김씨 등이 적극적으로 반대하였고 나아가 세자와 영조 사이를 이간질하기까지 했습니다.

정순왕후의 아버지 김한구는 안동 김씨 60년 세도정치를 처음 시작한 사람으로 나경언이라는 사람을 부추겨서 사도세자가 내시들과 함께 역모를 꾸미고 있다고 일러바치도록 했고, 이 말을 들은 형조참의는 영의정이자 세자의 장인인 홍봉한과 상의한 뒤 이를 영조 임금에게 알렸습니다. 영조 임금은 나경언을 친히 불러서 물어 보았습니다. 나경언은 세자가 궁궐 밖에 자주 나다녔으며, 왕손을 낳은 여자를 죽이고, 기생과 승려들을 도성 안으로 불러들였다는 등 10가지 나쁜 일을 했다고 거짓으로 일러바쳤습니다. 영조는 나경언을 사형시킨 후 사도세자를 세자의 자리에서 물러나게 하고 더운 여름날 뒤주 속에 가두었습니다. 결국 사도세자는 뒤주에 갇혀 9일 동안 물 한 모금 마시지 못한 채 굶어 죽었답니다.

혜경궁 홍씨는 왜 《한중록》을 지었을까?

한중록
사도세자의 죽음을 중심으로 자신의 일생을 기록한 궁중 문학 중 가장 뛰어난 작품으로 평가받고 있다.

안타깝게도 사도세자는 정치적인 모함을 받아 죽고 말았습니다. 그러나 왜 혜경궁 홍씨는 남편의 죽음을 다르게 기록하였을까요?
혜경궁 홍씨가 《한중록》을 지을 때 그녀의 친정 식구들은 정치적으로 어려움을 겪고 있었습니다. 친정 아버지 홍봉한이 사도세자 사건을 일으킨 사람이라는 소문이 나돌았기 때문에 그녀는 남편의 죽음이 부왕의 사랑을 받지 못해 생긴 정신병 때문이라고 《한중록》에 씀으로써 아버지를 구하고 싶었던 것입니다.

그 후 영조는 세자를 죽인 것을 후회하고 세자의 죽음을 애도한다는 뜻에서 사도(思悼)라는 시호를 내렸습니다. 노론은 사도세자를 죽음으로 몰아 넣은 후 후환을 없애기 위해 사도세자의 아들인 세손 정조마저도 죽이려 했으나 영조 임금의 보호로 실패하고 말았습니다.

영조는 사도세자가 죽은 뒤 다음 왕위를 이을 세손을 보호하고 왕실을 지키기 위해서 세손과 혜경궁 홍씨를 각별히 보호했던 것입니다. 또한 영조는 세손을 죽은 효장세자의 아들로 만들었으나 훗날 임금이 되어 자신은 사도세자의 아들이라고 선언하고 아버지를 죽인 사람들을 모두 벌주었답니다.

정조 임금에게 아버지 사도세자는 임금의 힘은 약하고 신하의 힘이 강했던 조선에서 강력한 군주가 되려고 하다가 신하들의 모함을 받아 억울하게 죽은 왕자라고 생각하였습니다. 그렇기 때문에 왕위에 오른 정조는 신하들에게 죽음을 당한 아버지 사도세자를 높이는 일이 왕권을 강화하는 데 중요한 일이라고 생각하여 사도세자의 무덤을 수원으로 옮기고 화성을 쌓게 된 것입니다.

수원을 새로운 정치 기반으로

정조가 사도세자의 무덤을 수원으로 옮기고 그 근처에 새로 성을 쌓은 것은 정치적으로도 필요했기 때문입니다. 즉, 주로 수원에서 기반을 닦아 당시의 정권을 장악하고 있던 노론을 물리치려는 의도였습니다.

그리하여 정조는 수원을 새로운 정치 기반으로 삼으려고 화성을 쌓았던 것입니다.

정조 임금이 왕위에 오른 지 13년(1789)이 되자 나라의 경제도 부유해졌고 왕권도 안정되었습니다. 이즈음 정조 임금은 사도세자의 무덤을 옮기기로 결정하고 양주 배봉산에 있던 사도세자의 무덤을 옛날부터 명당 자리라고 알려져 있던 수원 용복면의 화산으로 옮기고 헌륭원이라고 불렀습니다.

《수원부읍지》에 따르면 당시 용복면의 인구는 남녀 모두 합하여 677명이었다고 합니다. 정조는 이들에게 금 10만 냥을 주어 신읍치로 옮겨 살게 했고 10년 동안 세금을 내지 않도록 했으며 다른 곳에서 살던 사람들도 새 도시로 옮겨와 살도록 하는 등 여러 가지 혜택을 주었습니다. 그렇게 1년이 지나자 인구도 늘어나고 집들도 늘어선 신도시가 건설되었습니다.

수원은 일찍부터 여러 학자들이 중요하다고 얘기한 곳이었

성곽과 수원시

습니다. 조선 후기 실학자 유형원은 수원이 남쪽에서 서울로 올라오는 길목에 있다는 점에 주목하였습니다. 그러나물자가 모이는 중요한 지역인데 반해 산으로 가로막혀 있어서 제 기능을 다하지 못하고 있다고 했습니다. 그렇기 때문에 수원 고을을 넓은 들판으로 옮기면 물자가 쉽게 모일수 있어 경제의 중심지가 될 것이라고 예견했습니다.

정조는 여러 학자들의 의견에 주목하고 왕권을 지원하는배후 도시를 만들기 위해 수원을 새로이 건설했던 것입니다. 그리고 전국의 유능한 상인을 이 곳으로 끌어들여 경제가 활성화된 신도시를 인위적으로 만들었습니다. 또 서울에 있던 왕의 친위부대를 나누어 수원에 주둔시켜 서울 남

쪽에서 가장 부강한 도시가 될 수 있는 조건을 모두 갖추도
록 하였습니다.

신도시를 건설하는 작업은 왕의 신임을 받고 있던 신하들
을 중심으로 이루어졌는데 정조 17년 정월에 새로운 도시
를 '화성'이라 하고, 초대 유수에 10년간 우의정·좌의
정·영의정을 지낸 당대 제일의 명재상 채제공을 임명했습
니다. 그리고 18년(1794)에 채제
공에게 수원 화성을 짓게 하여 2
년 반만에 완공하였습니다. 정조
는 공사 결과를 모두《화성성역
의궤》에 기록했는데 이 책에는
공사를 하면서 내린 국왕의 명령
과 어전회의 기록, 각종 공문서
는 물론 공사 일정까지 실려 있
어 오늘날 화성을 복원하는 데
큰 도움을 주었습니다.

의궤도장
의궤란 국가적인 행사로 후세에 참고가 될
수 있도록 그 행사의 전말과 경과, 지출경
비, 지행순서, 경비(경호) 등에 대해 기록해
놓은 책이다. 이 책은 국가의 장례나 경사,
큰 의식, 토목공사 등에 대해 세세하게 기록
되어 있기 때문에 조선시대의 국가 행사에
대해 아는 데 귀중한 자료가 된다.(국립 중
앙박물관 소장)

근대 초기 전형적인 군사건축물

화성은 읍성과 산성이 나누어져 있던 조선시대에 처음으로
지어진 성이었기 때문에 산성 모양으로 지어졌지만 읍성의
역할도 하고 있어서 조선시대 성곽 중 가장 발달된 형태라

는 평가를 받고 있습니다.

조선시대의 성곽은 도성·읍성·산성·행성 등으로 나눌 수 있습니다. 도성은 왕이 사는 궁전과 종묘 사직을 지키기 위한 성으로 왕이 평상시에 거주하는 내부의 궁성과 외부의 나성이 있는 형태를 말합니다. 그리고 행성은 적의 침입을 막기 위해 국경과 중요한 요새지에 쌓은 성이며, 읍성은 대부분 지방의 행정 및 군사 중심지에 쌓았는데 그 안에는 관아와 민가가 있었습니다. 조선시대의 읍성은 비교적 규모가 컸지만 적이 쳐들어왔을 때 방어하기 위한 적절한 시설을 갖추고 있지는 않았습니다. 이것은 읍성이 주민의 출입을 막는 기능만을 했기 때문입니다. 그래서 전쟁이 일어났을 때 읍성 주민들은 가까운 산 속에 만들어 둔 산성으로 대피해야 했습니다. 즉 산성은 전쟁이 일어날 때를 대비하여 만든 방어용 성곽이었습니다.

이런 이유로 조선 후기 실학자들은 전쟁이 일어났을 때 굳이 산성으로 대피할 것이 아니라 평상시 거주하는 읍성을 튼튼히 짓자고 제시한 것입니다. 화성은 이러한 실학자들의 제안이 처음으로 받아들여져서 지어진 성곽이었기 때문에 성벽을 길게 만들지는 않았지만 성벽에는 방어시설을 많이 만들었습니다. 이는 기존의 다른 성곽에서는 볼 수 없는 커다란 특징입니다.

화성의 가장 큰 특징은 치성을 적극적으로 활용한 데 있습

니다. 치성이란 성벽의 일부를 돌출시켜서 성벽에 접근하
는 적을 옆에서 공격할 수 있도록 만든 시설인데 아마도 꿩
이 자기 몸을 숨기고 밖을 잘 엿보는 까닭에 이런 이름이
붙은 것 같습니다. 치성 중에는 대포를 설치한 것도 있는데
이것이 포루이며, 또 어떤 치성은 군사들이 머물 수 있는
누각을 갖추고 있기도 합니다. 이 때 단순히 건물만 만든
것을 포루, 특별히 성벽 네 모서리에 있는 것을 각루라 불

화홍문
수원 화성의 북쪽 수문으로 전란에 대비한 방어시설인 동시에 하천의 범람을 막는 역할도 하였으며
주변 경관과도 조화를 이루고 있는 뛰어난 건축물이다.

렀는데 화성의 성벽에는 치성만 8곳, 대포를 설치한 포루와 누각을 올린 포루가 각각 5곳, 각루가 4곳이나 있습니다.

정조 임금은 화성을 나라의 도읍으로 만들고 싶었던 것 같습니다. 왜냐 하면 재위 20년(1796) 가을에 화성을 완성하면서 동시에 행궁도 지었기 때문입니다.

화성 행궁은 정조가 사도세자의 무덤인 현륭원에 올 때 머물 수 있도록 지어진 건물인데 원래 수원부의 관아로 쓰던 건물을 늘려서 지은 것입니다. 그러나 다른 행궁과 다르게 570칸이나 되는 대규모였다고 합니다. 이는 화성 행궁이 단순히 능에 왔을 때 머무르기 위해 만들어진 것이 아니라 다른 의도가 있었음을 보여 주는 것입니다.

정약용
다방면에 관심을 가지고 주체적인 입장으로 학문에 뜻을 두었던 조선 후기의 실학자로 호는 다산이다.

유럽과 동아시아의 성의 특징을 결합시킨 정약용

수원 화성을 쌓을 때 실학자 정약용이 설계한 기중기가 사용되었다고 합니다.

그러나 정약용이 기중기를 만들 수 있었던 것은 소현세자의 공이었습니다. 소현세자는 청나라에 잡혀 가 9년 동안이나 심양과 북경에서 살면서 북경의 예수회 선교사 아담 샬과 친하게 지냈습니다. 그러면서 아담 샬로부터 천주교 교리와 서양 과학기술에 대해 많은 것을 배워 새로운 지식에 눈을 뜰 수 있었습니다. 그는 선진 문물을 바탕으로 조선을 새롭게 건설하고자 하는 의욕이 대단했기 때문에 조국으로 돌아오면서 여러 권의 책을 가져왔습니다. 그러나 소현세자는 귀국한 지 두 달만에 살해되어 그 웅대한 뜻을 펼칠 수 없었습니다. 하지만 그가 가져온 책들은 뒷날 실학자들에게 커다란 영향을 주었습니다. 정약용도 소현세자가 가져온 《기기도설》에 나오는 서양 기구의 그림들을 보고 기중기를 만든 것입니다.

규장각에서 일하고 있던 정약용은 화성을 쌓기 위해서 여러 편의 글을 지어 정조 임금에게 바쳤습니다.

정약용의 글들은 조선의 전통적인 축성법에다 서

◆ 규장각

1776년(정조 즉위)에 정조가 창덕궁 안에 세운 일종의 왕립도서관 겸 학문연구 기관. 역대 임금의 글과 글씨, 족보 등을 보관했으며 당시의 정치·사회적인 모순을 비판하고 개선하기 위한 학문연구의 중심 기관 구실을 했다. 그 밖에 도서의 간행도 맡아 〈동문휘고〉, 〈탁지지〉, 〈전운옥편〉 등을 간행하였다. 1910년에 대한제국이 멸망하면서 폐지되었고, 규장각의 도서는 서울대학교 규장각에서 관리하고 있다.

양의 과학기술을 적절히 참조한 것이었습니다. 그리하여 정약용은 조선의 성곽에서 볼 수 없었던 새로운 시설들과 기구들을 만들어 냈습니다. 그 결과 조선의 성곽 대부분이

돌로 쌓은 성인데 반해 화성은 돌과 벽돌로 쌓는 방법을 사용한 새로운 성곽으로 탄생된 것입니다.

정조 임금의 아버지에 대한 그리움

1795년 조선의 모든 과학 기술을 집대성해 쌓은 화성에서 정조의 어머니 혜경궁 홍씨의 회갑연이 성대하게 펼쳐졌습니다. 정조 임금과 혜경궁 홍씨는 화려한 가마를 타고 서울에서부터 한강을 건너 화성까지 성대한 행차를 했습니다. 젊은 시절 남편을 잃고 외롭게 살았던 혜경궁 홍씨는 아들 덕분에 남편의 무덤이 있는 화성에서 회갑연을 하게 된 것입니다.

화성에 도착한 정조 임금은 6일간 성대한 잔치를 열고 어머니의 회갑연에 맞춰 임시 과거 시험을 보게 했으며 어머니를 모시고 사도세자의 무덤에 참배하기도 했습니다.

또 저녁에는 팔달산 꼭대기 서장대에 올라 군대를 사열하고 화포를 쏘는 등 한밤중까지 축하 행사를 열었습니다. 성문에서 쏘아대는 화포의 불꽃과 서장대 꼭대기에 설치한 신기전에서 내뿜는 불빛이 성내를 환하게 비출 정도였다고 합니다. 이 행사를 구경하기 위해 서울에서 수원까지 수많은 백성들이 모여들었다고 하는데, 지금도 당시의 장관이 《능행도》와 《화성일기》 속에 남아 있습니다.

이렇게 아버지 사도세자의 무덤을 명당 자리에 옮기고 어머니의 회갑연을 성대하게 베푼 정조의 행적은 이후 극진한 효성의 모범이 되었습니다.

그러나 불행히도 정조 임금은 화성을 지은 지 4년만에 세상을 떠나고 말았습니다. 이로써 화성을 중심으로 강력한 왕권을 만들고자 했던 정조 임금의 개혁정치는 끝이 나 버린 것입니다. 이후 조선은 오랫동안 세도정치에 휘말려 끝내 멸망의 길을 걷게 되었으나 수원 화성은 아버지에게 지극한 효도를 하였고, 백성을 사랑했던 정조 임금의 넋과 함께 앞으로도 영원히 우리 곁에 남아 있을 것입니다.

조선 왕조의 상징, 종묘

종묘는 국가 그 자체이다

조선시대를 대표하는 문화유산 가운데 종묘는 왕실의 신전(神殿)으로 그 원형이 잘 보존되어 있어 1995년 세계 문화유산으로 등록되었습니다.

종묘의 정전
국보 제227호로 종묘 내에 정면 19칸, 측면 3칸으로 되어 있으며 예술성이 매우 뛰어난 건축물이다.

종묘는 조선 왕조의 역대 왕과 왕비의 위패(신위)를 모셔놓은 사당이기 때문에 조선시대 건물 가운데 가장 장엄하고 신성한 건물입니다. 조선 왕조는 예를 중시하고 유교를 숭상하였으므로 조상의 위패를 받드는 일이 무엇보다도 중요했습니다. 조상을 받드는 일은 일반 백성의 집이나 왕실이나 다를 것이 없었답니다.

왕조시대에는 국가의 흥망이 종묘사직의 흥망으로 표현될 정도로 종묘와 사직은 국가 그 자체를 상징하는 말이었습니다. 조선 왕조를 세운 태조 이성계가 수도를 한양으로 옮기고 나서 제일 먼저 한 일도 종묘와 사직을 짓는 일이었습니다. 두 곳이 왕조를 통치하는 데 있어서 없어서는 안 될 시설이었기 때문입니다.

종묘는 《주례》의 원칙에 따라 도성 안, 궁궐의 왼쪽에 세웠고 농업의 풍요를 위해 토지의 신과 곡식의 신에게 제사드리는 사직단은 궁궐의 오른쪽에 자리하고 있습니다.

조선 왕조에서 종묘와 사직단을 얼마나 중요시했는가는 성종 때 편찬된 《국조오례의》에서 확인할 수 있

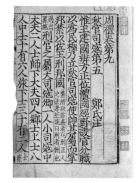

〈주례〉의 간본
《주례》는 6관으로 나뉘어진 관제를 기록한 것으로, 쓰여진 시기는 전국시대 말부터 전한 말까지로 의견이 분분하다. 후한 말의 대학자 정현에 의해 경전으로서의 지위가 확립되었다. 이 책은 정가당문고가 소장하고 있는 남송시대의 간본으로 오른쪽 위에는 구소장자인 육심원의 초상이 들어간 도장이 찍혀 있다.

습니다. 이 책에서는 국가가 해야 할 다섯 가지 예식을 제시하고 있는데, 그 중에서도 가장 큰 대사가 바로 종묘와 사직에 대한 제사였습니다. 따라서 종묘와 사직은 궁궐보다 오히려 더 높이 숭상되었다고 볼 수 있습니다.

특히 종묘는 제사뿐만 아니라 국가를 통치하는 데 있어서도 매우 중요한 건물이었습니다. 태조 이성계는 고려를 멸망시키고 조선을 건국했지만 위화도회군으로 정권을 잡은 평범한 가문 출신이었습니다. 국가의 이름조차도 명나라에 동의를 구해야 했던 이성계는 왕권의 정통성을 인정받을 수단이 필요했습니다. 그래서 경복궁과 종묘사직의 건설을 서둘렀던 것입니다. 경복궁이 나라를 통치하기 위한 건물이라면, 종묘는 왕조에 정통성을 가져다 주는 상징적인 건물이었습니다.

종묘는 오늘날 매우 중요한 문화재로 취급되고 있는데, 종묘 전체는 사적 제125호로 지정되어 있고 중심 건물인 정전은 국보 제227호, 영녕전은 보물 제821호이며 왕실의 제사인 종묘 제례는 중요 무형문화재 제56호로, 종묘 제례에 연주되는 종묘제례악은 중요 무형문화재 제1호로 지정되어 있습니다.

✿ 위화도회군

1388년(우왕 14) 요동 정벌을 위해 출정한 이성계가 위화도에서 회군한 사건. 1371년(공민왕 20) 원나라가 쇠퇴하고 명나라의 세력이 커지면서 고려에 공물 등 무리한 요구를 해오다가 급기야 1388년에는 철령위를 설치하여 철령 이북을 관할하겠다고 통보해왔다. 이에 크게 반발하여 요동 정벌을 단행하려 했으나 이성계는 4불가론(대국 침공, 농번기, 왜구의 침입 우려, 장마철 질병)을 들어 반대하였다. 결국 최영 등에 의해 실행되긴 했으나 강이 범람하고 질병이 발생하자 이성계는 더 이상 군사들을 진군시키지 않고 조민수 등과 회군을 결의하여 군사를 개경으로 돌려 최영과 일전을 벌인 끝에 최영과 우왕을 추방하고 정치적인 실권을 장악하였다. 이로 인해 신구세력의 교체를 통해 조선 왕조 창건의 기초를 세웠다.

우리 나라의 종묘는 삼국시대부터 시작

《삼국사기》에 보면 신라는 서기 6년에 시조인 박혁거세의 묘를 세웠고 제2대 유리왕 때부터는 왕이 친히 시조묘에 나아가 제사를 드렸다고 합니다. 고구려도 시조 동명성왕의 묘를 세웠으며, 백제 역시 온조왕 때 동명왕의 묘와 국모의 묘를 세웠다고 합니다. 이로 보아, 종묘는 삼국시대부터 있어 왔다는 것을 알 수 있습니다.

그러나 우리 나라에 본격적으로 종묘제도가 도입된 것은 고려시대부터입니다. 고려의 제5대 왕인 성종은 왕권을 강화하기 위하여 국가 제도를 중국식으로 개편하였고 종묘제도도 중국의 제도를 본받아 새로 마련하였는데 이 때 세워진 종묘는 요나라의 침입(1011) 때 불타 버리고 현종 18년 (1027)에 다시 세워졌다고 합니다.

조선의 태조 이성계는 왕위에 오른 후 제일 먼저 조상 4대조를 차례로 목왕·익왕·도왕·환왕으로 추존하고, 왕비에게도 각각 효비·정비·경비·의비라는 칭호를 올렸습니다. 그리고 임시로 개성에 있던 고려 왕조의 종묘를 허물고 그 곳에 새 종묘를 짓도록 하였습니다.

그 후 태조는 새 도읍지로 계룡산·무악 등 여러 곳을 물색하다가 태조 3년(1394) 한양을 새 도읍지로 결정하고, 그 해

10월 25일에 천도하였습니다. 천도 후 먼저 종묘를 세우고 궁궐을 지은 후, 마지막으로 성벽을 쌓아 도성 건설을 마무리하였는데 종묘는 천도하던 해 12월 4일 공사를 시작하여 다음 해 9월에 완공되었습니다. 그리고 개성에 모셔져 있던 조상의 위패를 새 종묘에 모시고 문무백관을 거느려 종묘에 나가 친히 제사를 올렸습니다.

이 때의 종묘는 중앙 일곱 칸에 좌·우 익실 두 칸인 정전과 공신당·신문·동문·서문 외에 향관청으로 구성되어 있었습니다. 그러나 그 후 종묘는 계속 늘어나는 왕들의 위패 때문에 여러 차례에 걸쳐 증축되었

종묘 영녕전
보물 제821호로 정전의 서북쪽에 있으며 정전과 비교했을 때 크기만 작을 뿐 양식에는 별 차이가 없다.

습니다.

조선의 3대 임금인 태종은 종묘의 건축 형식을 새롭게 정비하였는데 먼저 제사 지낼 때 비를 피할 곳이 없다 하여 동쪽과 서쪽에 행랑을 지었습니다. 이러한 건축 양식은 중국의 것과는 다른 조선 특유의 종묘건축 양식이었습니다. 태종은 또 정전과 멀리 떨어져 있던 공신당을 담장 안 동쪽 계단 아래로 옮기고 향관청 건물도 재전보다 낮은 곳으로 옮겼으며, 종묘에 북문을 새로 내어 창덕궁과 통하는 통로를 만들었습니다. 마지막으로 종묘에 담장을 두르고 입구에 '이 곳을 지나는 사람은 모두 말에서 내리라.'고 쓴 종묘 하마비를 세웠습니다.

종묘는 세종 때에 이르러 정전과 영녕전 건물이 지금처럼 나란히 서게 되었습니다. 세종 원년(1419)에 정종이 돌아가시자 위패를 어디에 모실 것인가 하는 문제가 발생했는데, 결국 정전 서쪽 바깥에 지금의 영녕전을 새로 만들어 태조 이성계가 추존한 4대조의 신위, 그리고 정종의 위패를 모시기로 했답니다.

지금은 정전과 영녕전을 합해 종묘라 부르지만, 원래의 종묘는 지금의 정전만을 가리키는 것이었습니다. 정전이라는 명칭도 영녕전과 구별하기 위해 후대에 붙인 이름이랍니다.

조선 왕조의 운명과 함께 한 종묘

종묘는 임진왜란으로 큰 수난을 겪게 되었습니다. 그리하여 종묘에 모셨던 위패도 함께 피난길에 오르게 되었습니다.

선조는 처음에는 개성으로 피난을 떠났으나 한양이 왜군들에게 함락되었다는 소식을 듣고 다시 평양으로 피난을 가게 되었습니다. 한참 동안 피난길을 가다 보니 개성까지 모셔 왔던 종묘의 위패를 그대로 두고 온 것이 생각나 선조임금이 당황하여 정승에게 물었습니다.

"종묘의 위패를 모시지 않았으니 어찌 된 일이오?"

"너무도 황급히 피난길에 오르느라 위패를 개성의 궁궐에 깊이 묻어 두고 왔습니다."

이 때 이정립이 앞으로 나아가 말했습니다.

"마마! 이미 개성은 왜적에게 함락되었다고 합니다. 그러나 왕실의 신주를 모셔 오지 못하여 왜적의 발아래 놓아 두는 것은 아니 될 일이옵니다. 소신이 혼자서라도 개성으로 돌아가 종묘의 위패를 모셔 오겠습니다!"

선조 임금은 이정립의 말에 크게 기뻐하며 말했습니다.

"오, 갸륵하도다! 과인이 그대에게 예조참의의 벼슬을 내릴 테니 지금 곧 개성으로 가서 위패를 모셔 오도록 하라."

이정립은 오던 길로 말을 몰아 개성의 성문 아래에 이르니, 왜군 대장인 소서행장이 성문 위에서 내려다보고 있었습니다. 이정립은 왜군 대장을 향하여 말했습니다.

"나는 조선의 예조참의 이정립이요! 급히 난을 피하느라고 이 나라 종묘의 위패를 모시지 못했기에 내가 모셔 가려 하오!"

이를 본 왜군이 대장에게 물었습니다.

"어찌하오리까? 저놈의 목을 벨까요?"

그러나 왜군 대장은 이렇게 대답했습니다.

"아니다. 저렇게 용맹스러운 충신의 목을 함부로 베는 것은 옳지 않다. 아무리 적이지만 임금을 위한 충성심이 얼마나 갸륵하냐? 위패를 모셔 갈 수 있도록 도와 주어라."

이렇게 해서 이정립은 종묘의 위패를 무사히 모셔 올 수 있었다고 합니다. 국가의 위기 속에서 잃어버릴 뻔했던 위패는 결국 충성스런 신하의 노력으로 다시 잘 모셔질 수 있었습니다.

임진왜란 때 일본군들은 종묘에 주둔해 있었는데, 마침 괴질이 번지자 종묘의 혼백이 노하여 병사들이 죽게 되었다면서 모든 건물을 불태워 버렸다고 합니다. 그래서 선조가 다시 한양으로 돌아왔을 때는 역대 왕들의 위패를 모실 건물이 없었습니다. 그리하여 선조는 명종 때 영의정을 지낸 심연원의 집에 임시 종묘를 마련하였습니다. 이렇게 전쟁으로 나라 살림이 궁핍해지자 위패들은 약 15년 동안이나 심연원의 집에 머물러 있었답니다.

나라가 점차 안정되자 제일 먼저 시작한 공사는 역시 궁궐이 아니라 종묘 건설이었습니다. 한양으로 돌아온 직후부터 종묘를 빨리 중건해야 한다는 관리들의 건의가 계속되었으나 선조 37년(1604)에야 비로소 종묘를 재건할 수 있었습니다. 그리하여 선조 41년(1608) 정월에 공사를 시작하여 5개월 후 광해군이 즉위하고 나서 완성되었습니다.

그 후로도 종묘는 몇 차례의 증축을 거쳐 현재의 모습이 되었는데 제일 마지막으로 증축된 것은 헌종 2년(1836) 때였습니다. 그 결과 종묘는 열아홉 칸의 정전과 여섯 칸의 영녕전, 그리고 재실과 진사청을 비롯한 각종 부속 건물들로 이루어지게 되었습니다.

가장 신성하고 장엄한 건축물

종묘는 다른 건물들과 구별되는 독특하고 고유한 건축제도와 공간 구성으로 되어 있습니다.

종묘의 정문을 들어서면 정전에 이르는 주도로가 북쪽으로 길게 나 있고 오른쪽으로 난 첫 갈림길에는 망묘루·향대청·공민왕 신당이 있습니다. 망묘루는 제사 지낼 때 왕이 머물면서 '사당을 바라보며 선왕과 종묘사직을 생각한다'

는 뜻으로 붙인 이름입니다. 향대청은 종묘에 사용하는 향과 제사 예물을 보관하면서 제사를 모시는 관리들이 대기하던 곳입니다. 공민왕 신당은 고려 31대 공민왕과 노국공주의 영정을 모신 곳입니다. 조선 왕조의 신성한 종묘 안에 고려 왕의 사당이 있다는 사실이 의아스럽기도 하지만 공민왕은 원나라에 맞서 개혁정치를 하고자 했던 고려 말의 유일한 개혁 군주였고 친원파 귀족들을 제거하기 위해 새로운 사대부와 신진 군인들을 중용하였으며 이성계 · 정도전 등 조선 개국세력들 모두가 공민왕의 덕에 중앙 정계에

공민왕릉
고려 제31대 왕 공민왕과 왕비의 능으로 개성에 있다.

진출할 수 있었기 때문에 조선 왕조는 고려 왕 중에서 유일하게 공민왕의 음덕을 추모한 것입니다.

주도로 가운데의 약간 높은 길은 신향로(神香路)이고, 동쪽의 것은 어로(御路)인데 신향로는 인간이 다닐 수 없고 혼령만이 드나드는 길입니다. 어로는 제사 담당자인 임금과 세자가 다니는 길로서 두 길은 모두 전돌을 가지런히 깔아 일반 통로와 쉽게 구별되게 만들어져 있습니다. 어로에는 왕이 목욕재계하고 의복을 단정히 하며 세자와 함께 제사를 올릴 준비를 하던 재실이 있습니다.

재실 서북쪽에는 정전이 네모난 담으로 둘러싸여 있는데 정전 건물은 위패를 모신 열아홉 칸, 그 좌·우에 이어진 협실 두 칸, 그리고 협실 양끝에 동·서월랑 다섯 칸으로 구성되어 있습니다. 원래 정전에는 태조와 현 임금을 기준으로 4대 왕들과 왕비의 위패를 모시고, 4대 이상이 되면 위패는 정전 서편의 영녕전으로 옮기는 것이 원칙이지만 4대조가 넘어도 공적이 뛰어난 왕들을 계속 정전에 모셨기 때문에 그 규모가 자꾸 늘어나 지금은 열아홉 칸이나 되었다고 합니다.

정전 남쪽 아래에는 공신당과 칠사당(七祀堂)이 있고 담 밖 서북쪽으로는 전사청이 있으며 정전 서남쪽 밖으로는 악공청, 서쪽 위로는 영녕전이 자리잡고 있습니다.

공신당에는 태조 이성계의 공신을 비롯하여 27대 순종까지

정전에 모신 역대 왕들의 공신 83명의 위패가 모셔져 있고 칠사당에는 계절별로 일곱 신의 위패가 모셔져 있습니다. 전사청은 제사 때에 사용하는 제수를 준비하는 곳이며, 악공청은 악공들이 악기를 준비하고 대기하던 곳입니다.

영녕전에도 네모나게 담을 쌓아 의례를 행할 수 있는 공간을 만들었는데 중앙에 네 칸, 그 좌·우에 각각 협실 여섯 칸을 두어 모두 열여섯 칸으로 되어 있습니다. 그리고 좌·우 협실 양끝에 각각 동월랑과 서월랑 다섯 칸을 덧붙였습니다. 영녕전은 기본적으로 정전과 비슷하나 중앙부 네 칸의 지붕을 높여 솟을지붕으로 한 점이 다릅니다. 그리고 영녕전의 구성은 정전과 같지만 정전보다 약간 작은 크기이기 때문에 한눈에 바라볼 수 있어 친근하게 느껴집니다.

종묘 정전 각 칸의 건축 구성은 지극히 단순한데 이 단순한 칸들이 열아홉 칸 옆으로 계속되면서 종묘 정전은 압도적인 장엄함을 드러내고 있습니다. 이 점은 우리 나라의 다른 어떤 건축도 흉내낼 수 없는 종묘만의 특성입니다.

사직공원
조선 왕조의 사직단이 보호되어 있는 곳으로 일제시대 때 일본인들이 사직단의 격을 낮추기 위해 공원으로 삼았다.

종묘는 서울 도심 속에 자리잡고 있으나 넓은 숲 속에 아늑하게 배치되어 있어서 찾는 이의 마음을 넉넉하게 하고, 전통의 제례 문화가 깔려 있는 종묘 길을 산책하다 보면 고향을 찾아 조상님께 제사드리는 자신의 마음가짐을 다시 한 번 되돌아보게 한답니다.

종묘 대제와 종묘 제례악

대제를 지낼 때는 왕이 세자와 문무백관과 종친들을 거느리고 종묘에 직접 나와서 제사를 드렸는데 왕이 나가지 못할 때에는 세자나 영의정이 이를 대신했다고 합니다. 왕이 종묘에 행차할 때는 장엄한 어가 행렬이 서울 장안을 가득 메웠습니다.

종묘 제례는 나라의 큰 행사였는데 정기적인 제례는 일 년에 다섯 번으로 1월, 4월, 7월, 10월, 12월에 지냈으며, 그밖에 나라에 큰일이 생겼을 때는 고유제를 지냈습니다. 지금도 종묘에서는 매년 5월 첫번째 일요일에 한 차례씩 제례를 지내고 있답니다.

종묘 제례를 지낼 때는 반드시 기악과 노래와 춤이 어우러진 종묘 제례악을 연주하는데 종묘 제례악에서 연주되는 음악은 세종대왕 때 만들어진 보태평과 정대업 두 가지가 있습니다.

보태평은 백성들을 잘 보살핀 어진 왕들을 기리는 음악이
고 정대업은 나라를 외적으로부터 지킨 용감한 왕들의 업
적을 기리는 음악입니다. 그리고 보태평에 맞추어 추는 춤
은 문무(文舞)라고 하고 정대업에 맞춰 추는 춤은 무무(武舞)
라고 합니다.

우리 나라의 종묘 대제는 이제 유일하게 남아 있는 왕실 제
사가 되었습니다. 왜냐 하면 중국 황실의 제사도 장엄했으
나 중국이 사회주의 국가가 된 뒤로는 제례 문화가 소멸되
어 버렸기 때문입니다.

자주독립 의지의 표상,
독립문

사대주의의 상징인 영은문을 헐다

독립문은 서재필의 주도로 조선시대에 중국 사신을 맞이하던 사대의 상징 영은문을 헐고 그 자리에 세워졌습니다. 갑신정변이 실패하자 미국으로 건너간 서재필은 미국에서 의학 공부를 하며 박사 학위를 받은 후 12년 동안 미국에서

독립문
사적 제32호로 갑오경장 이후 자주독립의 결의를 다지고자 세운 문이다.

살다가 조선의 자유와 독립을 위해 몸바치겠다는 생각으로 1896년 1월 조선으로 돌아왔습니다.

조정에서는 그를 중추원 고문으로 삼긴 했으나, 고종이나 다른 대신들이 그의 의견을 받아들이지 않았습니다.

서재필은 정치하는 사람들에게 크게 실망했지만 고종 임금에게 경복궁으로 돌아가야 한다는 것만은 끝까지 간청했습니다. 그러나 고종은 일본 세력이 무섭다며 듣지 않았고 이범진 등 친러파 대신들은 오히려 서재필을 역적이라고 몰아세웠습니다. 마침내 서재필은 이 나라가 살 길은 백성들을 깨우치는 것이라고 생각하고 백성들에게로 눈을 돌려 제일 먼저 신문을 펴내기로 했습니다.

드디어 고종 33년(1896) 4월 7일, 처음으로 한글로 인쇄된 《독립신문》이 나왔습니다. 서재필은 사장 겸 기자 겸 신문 배달원이었습니다. 《독립신문》은 한글뿐만 아니라 영어로도 발행되었는데 처음에는 3백 부밖에 인쇄되지 못했지만 얼마 뒤에는 3천 부가 넘게 발행되었습니다.

《독립신문》의 발간에 이어 서재필 등은 사대 외교의 상징인 영은문의 옛터에 자주독립의 상징인 독립문을 세우자고 제안했습니다. 서재필은 독립문을 세우기로 결심한 뜻을 자서전에 다음과 같이 썼습니다.

'우리 나라가 자주독립국임이 확인된 지금, 남의 노예라는 상징인 영은문을 그대로 둔다면 국민의 수치이다. 내가 우리 나라에 돌아왔을 때 제일 먼저 눈에 띈 것이 영은문이었다. 무엇보다도 이 더러운 문, 부끄러운 문을 없애야겠다고 굳게 결심하였다. 이 문을 없애 버리는 것이 우리 국민의 소원일 것이다. 그래서 영은문을 헐어 버리고 그 자리에다 우리 나라가 노예의 굴레를 벗어 버리고 완전히 자주독립국이 되었다는 기념으로 새로이 독립문을 세우기로 한 것이다.'

자주독립에 대한 의지

청나라는 개항을 전후하여 조선의 나라일에 깊숙이 간섭하였습니다. 그러나 1894년 청일전쟁에서 패배하자 청나라는 조선에 대한 종주권을 일본에 넘겨 주게 되었고 기세등등해진 일본은 러시아와 대립하게 되면서 러시아와 친했던 명성황후 민씨를 무참하게 살해하기까지 했습니다. 그러자 고종은 러시아 공사관으로 피신을 갔고, 그 뒤 조선은 다시 러시아의 간섭을 받게 되었습니다. 이렇게 외세의 굴욕적인 간섭이 계속되자 독립문을 세우자는 서재필의 제안은 많은 사람들의 지지를 받았습니다.

1896년 6월 20일자 《독립신문》 사설에는 독립문의 건립 목적을 분명하게 밝히고 있습니다. '오늘 우리는 국왕이 서대문 밖 영은문의 옛터에 독립문을 건립하기로 한 사실을 경축하는 바이다. … 이 문은 다만 중국으로부터의 독립만을 의미하는 것이 아니라 일본, 러시아, 그리고 모든 서구 열강으로부터의 독립을 의미하는 것이다.'

독립문을 세우기 위해서는 사업을 주도할 수 있는 단체가 필요했기 때문에 1896년 7월, 마침내 독립협회를 창설하기에 이르렀습니다. 독립협회는 창립 당시 '독립문과 독립공원을 건설하는 사무를 관장하는 일'이라고 사업 목적을 밝혔습니다.

독립협회는 백성들의 돈을 모아 독립문·독립관·독립공원을 세워야 한다고 생각했습니다. 왜냐 하면 독립문은 국민들과 함께 자주독립의 결의를 다짐하고, 다음 세대에게 완전한 자주독립을 지키도록 당부하는 것이었기 때문입니다. 자주독립을 원하는 백성들이 많았기 때문에 독립문 건립을 위한 보조금은 많이 모일 수 있었습니다. 황태자도 참여하여 1,000원을 내놓았고 이 때 모은 모금 액수는 5,897원이나 되었다고 합니다.

독립협회는 창립 2개월 후인 9월 6일에 서재필을 건립 책임자로 임명하고 3,825원의 예산으로 세워지게 되었습니다. 독립문의 생김새는 서재필이 프랑스 파리의 개선문을 본떠서 스케치하고 독일 공사관의 스위스 기사가 설계했으며 한국에서 가장 널리 쓰이는 화강암으로 만들어졌습니다.

그리하여 1896년 11월, 많은 사람들의 참여 속에 만들기 시작한 독립문은 1년여만에 완성되었습니다. 높이 14.28미터, 너비 11.48미터의 독립문 정면에는 한글로 '독립문'이라 새겼고, 북쪽 머리에는 한자로 '독립문(獨立門)'이라 새겼습니다. 이렇게 독립문이 세워짐으로써 비로소 대한제국 사람들의 자주독립 의지가 세계 사람들에게 모두 알려지게 되었습니다.

한편 고종은 1897년 2월에야 러시아 공사관을 떠나 경운궁

에투알 개선문
고대 로마의 형식을 본보기로 프랑스 혁명 후 나폴레옹이 파리에 건립했다.

으로 돌아왔고 연호를 갑오개혁 때
의 '건양'에서 새로이 '광무'로 고
쳤습니다. 그리고 1897년 10월에
는 나라 이름을 '대한제국'이라 고
치고 황제 즉위식을 가졌습니다.
조선은 대한제국이 됨으로써 대외
적으로 다시 한 번 완전한 자주독

◆ **갑오개혁**

1894년(고종 31)에 일본의 강요로 그 때까지의 우리 나라의 문물 제도를 근대적 법식에 따라 고친 일. 갑오경장이라고도 한다. 갑신정변의 실패로 세력이 꺾였던 개화파는 동학농민봉기를 계기로 다시금 내정 개혁의 필요성을 주장하였다. 이 때 동학군의 진압을 위해 조선에 들어온 일본은 동학군의 진압에 성공하자 우리 나라 정부에 대해 내정 개혁을 요구하였다. 일본은 군대를 출동시켜 경복궁을 포위하고, 대원군을 앞세워 민씨 세력을 몰아 낸 다음, 개화파로 새로운 정부를 구성하여 개혁을 단행하였다. 1894년 7월, 새로 들어선 김홍집 내각은 개혁 추진 기관인 군국 기무처를 설치하고, 3개월 동안에 정치·경제·사회 등 각 분야에 걸친 208건의 개혁안을 통과시켰다.

립을 선언한 것이었으며, 국왕이 아니라 광무 황제가 됨으로써 조선이 독립국임을 분명히 밝힌 것입니다. 조선은 5백여 년만에 이름으로로라도 중국과 똑같은 황제가 다스리는 독립국이 되었기 때문에 독립협회도 이에 대해 적극적으로 찬성했습니다.

독립관과 독립공원

독립협회는 독립문을 세우고 나서 독립관과 독립공원을 만들기로 했습니다.

독립공원은 당시 독립문 일대가 빈터였으므로 이 곳에 나무를 심어 꾸몄고 독립관은 독립문 근처의 모화관을 개수하여 만들었습니다. 모화관은 중국 사신을 접대하는 영빈관으로 이용되어 온, 사대의 상징적인 건물이었기 때문에 갑오개혁 이후 사용되지 않던 이 건물을 수리하여 독립관이라 부르고 사무실 겸 집회장소로 사용하였던 것입니다.

황태자가 친히 한글로 독립관이라 써서 현판을 붙인 이 건물에서는 매주 일요일 오후 3시에 회원들이 모여 강연회도 하고 토론회도 가졌는데 토론회에는 많은 사람들이 모였기 때문에 장소가 너무 좁아서 나중에는 경기 감영으로 옮겨서 열렸다고 합니다. 독립협회 회원들이 독립문을 세운 것은 단순히 독립의지를 과시하기 위해서만은 아니었습니다. 독립문은 한국 사람들의 독립의지를 세계의 사람들에게 알리는 상징적인 건물이었고, 독립협회 회원들이 절실히 원했던 것도 바로 한국 사람들의 자주독립사상을 고취하고자 하는 것이었습니다. 그렇기 때문에 독립협회 회원들은 독립의지를 기를 수 있는 주제로 매주 일요일마다 꾸준히 강연회 및 토론회를 열었던 것입니다.

만민 공동회를 열다

독립협회가 주최한 토론회에 대한 관심은 갈수록 높아져 참가하는 사람들도 늘어났으며 토론의 주제도 교육 · 문화 · 자유 독립 · 대외 문제 · 자유 민권 등 여러 가지로 폭넓어졌습니다.

이렇게 많은 사람들이 지지를 받자 독립협회는 대중들이 모여 정치를 얘기하는 만민 공동회를 열게 되었습니다. 그리하여 1898년 10월 종로에서 정부 대신들도 참석한 가운데 가장 큰 규모의 관민 공동회가 열렸습니다.

시민과 학생 등 각계 각층의 사람들이 종로 거리를 꽉 메우자 집회의 주최자인 윤치호는 무척 감격해서 말했답니다.

"우리 온 나라가 한 마음이 되어 나라일을 걱정하고 있습니다. 이제 정부에서도 우리의 소리에 귀 기울이려 하니, 대한제국의 앞날은 찬란할 것입니다. 그러면 지금부터 여러분의 자유로운 의견을 듣도록 하겠습니다."

자유롭게 의견을 내고 토의했던 이 날 관민 공동회에서 마침내 국정 개혁안인 '헌의 6조'가 만장일치로 채택되었습니다. 헌의 6조는 나라의 정치를 바로잡고 외세를 물리침으로써 자주독립을 지키자는 내용과 백성들에게 고통을 주는 조세와 사법제도를 고치고 국왕이 마음대로 관리를 임명하지 못하도록 하자는 내용도 들어 있었습니다.

고종은 처음에는 이런 요구 사항을 받아들이기로 했으나 군주권을 부정하고 공화정을 실시하려 한다는 주변 신하들의 허위보고 때문에 헌의 6조를 수락한다는 조칙이 발표된 지 얼마 안 되어 마음이 변해 요구 사항들을 받아들이지 않았습니다.

"전하, 지금 거리에는 괴상한 내용의 익명서가 곳곳에 나붙고 있습니다."

"그게 무슨 말이요? 사실대로 말해 보시오."

"독립협회의 윤치호 등이 국체를 공화정으로 바꾸고 박정양과 윤치호가 대통령과 부통령이 될 것이라 하옵니다."

"아니, 그게 대체 무슨 소리요?"

고종은 독립협회가 황제의 권위를 부정하고 공화정을 실시하려 한다는 보고를 받고 무척 놀랐습니다.

"여봐라! 지금 당장 독립협회를 해산시키고 그 일당을 잡아들이도록 하라! 또 관민 공동회에 나가 헌의 6조에 서명했던 한규설·박정양을 파면시키도록 해라!"

고종의 해산 명령에 독립협회 회원들과 시민들이 항의했으나 정부는 황실의 어용단체였던 황국협회의 보부상들을 동원하여 무력으로 시위 대중을 탄압하였고 독립협회는 계속 이에 맞서 싸웠습니다.

그러나 결국 독립협회는 군대를 동원한 고종 황제에 의해 해산되고 서재필은 다시 미국으로 망명하게 되었습니다.

> ### ● 황국협회
>
> 1898년(광무 2)에 부부상들이 만든 단체. 형식적으로는 민간단체지만 실제로는 정부가 독립협회를 탄압하려고 만든 어용단체였다. 개화파인 서재필·이상재·이승만 등이 독립협회를 만들어 기관지인 '독립신문'을 통해 정부의 잘못을 비판하고 수구파의 부정한 관리들을 폭로하자, 참정대신 조병식이 보부상을 중심으로 한 '황국협회'를 만들어 독립협회와 맞서게 하였다. 황국협회는 주로 수구파의 앞잡이 노릇을 하였으며 개화 세력에 대한 테러 행위를 일삼았다.

옛 자리 하나 제대로 지키지 못하고

안타깝게도 지금은 독립공원과 독립관은 없어지고 독립문만 남아 있습니다.

독립문은 두 번에 걸쳐 수리되었
는데 1917년에 한 번 수리를 하였
지만 기반이 내려앉을 위험이 있
다 하여 1928년에 조선총독부가
경성부에 맡겨 대대적으로 수리했
습니다. 그 당시 독립문의 벽체 안
쪽을 철근콘크리트로 발랐다고 합
니다.

서대문 교도소

이렇게 두 번이나 수리된 독립문은 옛날의 자리조차 지키
지 못한 채 이전되었는데 1979년 성산대로가 건설되면서
원래의 위치에서 서북쪽으로 70미터 떨어진 독립공원 내의
현재 위치로 옮겨진 것입니다.

현재 독립문 앞에는 한때 중국 사신을 접대하던 영은문의
기둥받침돌이 검게 그을린 채 독립문 앞에 어색하게 서 있
는데 이 기둥은 조선 12대 임금인 인종 때 세워진 것이라고
합니다.

또 독립문 왼쪽의 옛 서대문형무소 터에는 1996년 정부에
서 독립공원을 만들면서 복원해 놓은 새로 만들어진 독립
관이 있는데 예전의 모습은 흔적도 찾아볼 수 없답니다.

그러나 두 번이나 수리되고 자리마저 옮겨진 독립문은 오
늘날까지 자주독립의 의지를 우리들에게 고스란히 전해 주
고 있습니다.

조선 불교의
이중적인 성격을 보여 주는 회암사지

▲ 회암사

조선은 흔히 불교를 억제하고 유교를 숭상한 나라로 잘 알려져 있습니다. 실제로 조선의 사대부들은 불교를 허무(虛無)의 도(道)라 하여 멸시했습니다. 그러나 왕실의 여인들은 독실하게 불교를 믿는 사람들이 많았다고 합니다. 임금님들도 겉으로는 유학자였지만 내면적으로는 불교를 믿는 경우가 많았습니다. 불교 국가인 고려를 무너뜨리고 유교 국가를 세운 태조 이성계도 마찬가지였습니다.

경기도 양주군 회천면 회암리에 있는 회암사는 이러한 이중적인 조선시대 불교의 역사를 보여 주는 듯 지금은 폐허로 남아 있습니다. 회암사는 고려 말 학자 이색이 《목은문고》에 '웅장하고 아름답기가 우리 나라에서 제일이며 이런 절은 중국에서도 많이 볼 수 없다'라고 기록할 정도로 고려 말까지만 해도 우리 나라에서 가장 아름다운 절이었습니다.

이 절은 고려 중기 이전에 만들어졌는데, 무신 집권기와 원나라 간섭기를 거치면서 계속 확장되어 갔습니다. 나옹화상이 중건한 후 고려 말기에는 전국 사찰의 총본산이 되어 승려 수가 무려 3천 명이나 되었다고 합니다. 나옹화상은 옛부터 명당자리로 알려진 이 곳의 지형이 인도의 나란타사와 같으므로 이 곳에 불사를 일으키면 불법이 흥한다고 생각하였습니다. 그래서 공민왕 20년(1371)에 262칸이나 되는 대사찰을 조성하였습니다.

공민왕은 신앙심이 매우 깊었기 때문에 불교행사를 자주 하였으며 불교계

◀ 옛 회암사 터

의 통합에도 관심이 많았습니다. 공민왕은 보우·신돈·나옹 등을 차례로 지원하여 불교계를 다스리게 했는데, 공민왕 집권 후기에 불교계를 장악한 인물이 바로 나옹이었습니다. 그런 그가 회암사를 중심으로 활동하였기 때문에 이 절이 당시 가장 중요한 사찰이 된 것입니다.

조선 초기에도 회암사는 여전히 중요한 역할을 하였습니다. 특히 태조 이성계는 스승인 무학대사를 이 곳에 머물게 하고, 왕위를 물려 준 후에도 이 곳에서 수도생활을 하는 등 회암사에 대한 관심이 각별하였습니다.

태조가 죽은 후 퇴락해 가던 회암사는 성종 때 세조의 부인인 정희왕후가 중창을 하면서 다시 주목을 받았습니다. 이후 연산군은 강력한 배불정책을 추진하여 도성 내 대부분의 사찰을 철거하였는데, 이 때 회암사도 세력이 약화되어 겨우 명맥만 유지할 뿐이었습니다.

그 후 명종이 즉위하고 어머니인 문정왕후가 섭정을 하면서, 조선의 불교는 다시 한 번 중흥을 맞게 되었습니다. 독실한 불교신자였던 문정왕후는 명승 보우를 시켜 회암사를 전국 최고의 도량으로 만들게 했습니다. 그러나 문정왕후가 죽자 조선은 다시 불교를 억압하기 시작했습니다. 문정왕후가 죽은 다음 날인 사월 초파일에 보우를 체포하여 죽인 것입니다. 보우의 죽음와 함께 회암사도 결정적인 타격을 받았습니다. 이후 회암사는 262칸이나 되었던 건물들이 모두 사라지고 그 자리만 남을 정도로 몰락하였습니다.

조선 말인 순조 21년(1821) 경기 지방 승려들이 지공·나옹·무학 등 3화상의 부도와 비를 중수하면서 옛터 옆에 작은 절을 지어 회암사라는 이름을 계승하였으나, 본래의 모습은 찾아 볼 수가 없습니다.

현장 학습 보고서

견학일시	( )월 ( )일	준비물	
견학장소			
견학내용	●사진을 첨부해도 됨.		
알게된점			
반성 (소감)			

현 장 학 습 보 고 서

견학일시	( )월 ( )일	준비물	
견학장소			

	●사진을 첨부해도 됨.
견학내용	
알게된점	
반성 (소감)	

현장학습보고서

견학일시	( )월 ( )일	준비물	
견학장소			
견학내용	●사진을 첨부해도 됨.		
알게된점			
반성 (소감)			

현장학습보고서

견학일시	( )월 ( )일	준비물	
견학장소			

견학내용

●사진을 첨부해도 됨.

알게된점

반성
(소감)

유적 조사표

조사일시	( )월 ( )일 ( )요일		
유적이름		장소 및 주소	
조사내용			
반성 (소감)			

유 적 조 사 표

조사일시	( )월 ( )일 ( )요일		
유적이름		장소 및 주소	
조사내용			
반성 (소감)			

유적 조사표

조사일시	( )월 ( )일 ( )요일		
유적이름		장소 및 주소	
조사내용			
반성 (소감)			

유 적 조 사 표

조사일시	( )월 ( )일 ( )요일		
유적이름		장소 및 주소	
조사내용			
반성 (소감)